90歳の幸福論

和田秀樹
Hideki Wada

まえがき

数十年前までは、「いかに日本が長寿国家といえども、90歳まで生きる人なんてほとんどいない」「90代まで生きられる人は、一部の奇跡的に健康な人だけだ」と考えられがちでした。

しかし、厚生労働省が2022年7月に発表した日本人の平均寿命は、男性が81・47歳、女性は87・57歳です。現時点で日本には90歳以上の人は265万人いるとされており、この人数は日本の総人口の2・1％に相当します。

いまや日本人の50人に1人が90歳以上なのです。

どんなに「自分がそんなに長生きするわけない」と思っていても、今後の医学の進歩や栄養状態の改善によって、90代まで生きる確率はどんどん上がっていきます。

「人生100年時代」と言われて久しいですが、いまから10年、20年先の未来において、「90代まで生きること」は、多くの人にとってごく当たり前のことになる可能性が高いのです。


では、本書を手にとってくださったみなさんに、質問です。

みなさんは、「歳を取ること」について、どのようなイメージを抱いているでしょうか？

「年寄りになると、できないことがどんどん増えていくから、楽しみが減るのではないか」

「体やお金のことを考えると、行動を制限しなければならないからつまらない」

「年々、体の自由が利かなくなって、どうせ寝たきりになってしまうのだろう。だったら長生きなんてせずに、早く死んでしまいたい」

このように、歳を取るのは悪いことであり、誰しもが逃れられない苦痛だととらえる人も多いのではないかと思います。

長年、老年医学に携わり、数多くのお年寄りと対峙してきた私から見ても、たしかに歳を取るほどに体の自由が利かなくなり、表情が暗くなって気持ちが沈んでいってしまうお年寄りもいらっしゃいます。

一方で、60代の私から見ても、「うらやましい」「楽しそうだな」と思うような幸せな老後を送っているお年寄りも決して少なくはありません。

そんな幸せそうなお年寄りの様子を見ていると、「歳を重ねることは、決して悪いことではない。むしろ、歳を取ってからの時間は、人生の最後に残された

〝ごほうび〟なのではないか」とすら感じることも多々あります。

長生きをする以上、誰しも幸せな時間を少しでも多く過ごしたいと思うでしょう。長生きをしたとしても、苦痛や不平が多くてちっとも人生を楽しむことができないようでは、生きる意味が半減してしまうと私は思います。

どうせ長生きするのならば、より楽しく、より自分らしく生きていきたいものです。

では、そのためにはどうしたらいいのか。

本書では、私がこれまで高齢者専門の医師として目の当たりにしてきたお年寄りたちから得た、「幸せな90代になるために必要なこと」を紹介していきます。

本書のタイトルは『90歳の幸福論』ですが、決して90代の方々だけに向けた内容ではありません。90代を間近に控えた80代の方はもちろん、90代の人生が徐々に現実のものとなりつつある70代の方、またはそれよりも若い世代の方にこそ、ぜひ手に取ってほしいと思います。

なぜなら、現代の日本人の多くは、老後に対する不安が強すぎて、「いま」を大切にできない傾向があるからです。

まだ見ぬ老後への不安があるからこそ、「将来のために我慢しなければ」と時間やお金を大胆に使えず、目の前にある「いま」の人生を犠牲にしてしまうケースが少なくありません。

多くの場合、人が不安を抱くのは、自分が知らない未知の事柄に向き合ったときです。自分が知らないものだからこそ、悪い想像ばかりが働き、余計な不安を生み出してしまいます。

「幽霊の正体見たり枯れ尾花」とは有名なことわざですが、自分の不安の種を調べたり、何かしらの対策を取ったりするだけで、不安は大きく軽減されます。そうして、「いま」を全力で楽しむことこそが、和田秀樹流の〝幸福論〟なのです。

90代よりも若い世代の方々は、本書を通じて「実は老いとはこんなものだ」「90代まで生きるなら、こんなことを心がけておくといいのだ」とその在り方と対策を知っておくだけで、将来に対する不安が格段に減り、「いま」の時間を楽しめるようになります。

この本を手に取られたあなたが、現在おいくつでいらっしゃるかはわかりません。ですが、今後の長い人生のお供として、この本を何度も読み直していただければ幸いです。

ご自身の状況や年齢に応じて、必要な情報や受け取り方も変わってくるかもしれませんし、本書に書いてあることのすべてを実践する必要もありません。読んでみて、「これは自分に合いそうだな」と思うものだけを取り入れてもらえればと思います。

本書を通じて、より多くの方が人生最後の〝ごほうび〟の時間である90代を幸せに迎えられることを、心から願っています。

90歳の幸福論——目次

第2章 他人や道具を頼って第2の人生を楽しむ！

第３章　医者を信じすぎず健康な高齢者に

第４章　老後のお金を心配しすぎていませんか？

第5章 〝ごほうび〟の時間を最大限満喫する生活習慣

第1章

幸せなお年寄りの条件

年寄りが不幸だなんて、誰が言った

まず最初に、みなさんへお伝えしたいことがあります。

それは、「世の中にあるお年寄りのイメージは、大きく誤解されている」ということです。

年配になればなるほど、人は身体機能が衰え、周囲から知人が減っていき、誰からも相手にされず、不幸な日々を送るのではないか……。そんなステレオタイプがあるからこそ、多くの人が老いを恐れ、将来に不安を抱えてしまうのだと思います。

しかし、数多くの高齢の患者さんを見てきた身からすれば、「歳を取ることは、非常に幸せなことではないか」と感じます。

私は１９８６年に東京大学の老年病科（当時は老人科）で研修医を経験したことから、老年医学の世界へと足を踏み入れました。その後、１９８８年から高齢者専門病院である浴風会病院で働き始め、以降35年近くにわたって、数々の高齢者の方々を診察する機会をいただきました。

高齢者専門の医師として働き始めた当初は、私自身も「老いは怖いものだ」「歳を取ると自由が減り、人生が暗いものになるのではないか」と考えていましたが、経験を積むなかで、その価値観は大きく変わっていきました。

なぜなら、70代、80代はもちろん、90代でも楽しそうに生きている方々に数多くお会いするようになったからです。

たしかに、年齢を重ねるごとに身体機能は衰えていきます。90代にもなると、みんなどこかしらヨボヨボした足取りになってくるし、シャキシャキと自分で歩ける人のほうが珍しいのは事実です。実際、要介護率は６～7割にまで上がります。

けれども、不自由があるなかでも、きちんと日常生活を送り、日々を楽しむ人は必ずいらっしゃいます。「90代になったらヨボヨボになるから、生きてなんていたくない」と思うのは、あくまでそれを知らない世代の価値観に過ぎないのです。

多くの人が怖がる認知症についても同じです。90代になると、6割の人が程度の差こそあれ認知症を発症します。物忘れや迷子などの症状が出る人もいますが、それでもきちんと歩くことはできます。

歳を取ってヨボヨボになったり、物忘れしたりすることを悲しむのか。それとも、ヨボヨボでも認知症でも、いま自分が歩けることを喜ぶのか。どうとらえるかによって、〝幸福度〟は大きく変わってきます。

外の人から見て、「ヨボヨボに見えるからあのお年寄りは不幸だ」「ボケて見えるからあのお年寄りは不幸だ」というのはナンセンスです。「老い」の世界は、とらえ方次第では決して悪いものではないのですから。

認知症への大きな誤解とは？

私自身が高齢者に関わる医師となって特に驚いたのは、認知症に対する誤解です。

ドラマ『渡る世間は鬼ばかり』などで知られた脚本家の故・橋田壽賀子《はしだすがこ》さんが「認知症になったら安楽死させてほしい」と言って話題になるなど、日本では認知症というと、「一度この病気にかかると、何もかもがわからなくなってしまう病気」としてとらえられています。

詳細については追って解説しますが、たしかに認知症は一度発症すると徐々に症状が進行し、最終的には自分のこともわからなくなる病気ではあります。しかし、初期の段階ではほとんど支障なく日常生活を送ることができます。

実際、認知症になっても、ひとりで生活している人は決して少なくありません。なかには、以前と変わらず車を運転している人もいます。


多くの人が抱いている「名前を尋ねられても答えられず、人との会話もできなくなってしまうような状態」になるのは、あくまで認知症がかなり進行した状態にすぎません。このように人とのコミュニケーションがまともにとれなくなる状態に陥るのは、病気が発症してから最低でも5年ほどかかります。

つまり、今日「認知症だ」と診断されても、その後数年間は、大きく生活が変わることはありません。

アメリカのレーガン元大統領は退任後5年ぐらいで「アルツハイマー型認知症」と国民に告白しましたがそのときは会話にも支障が出るくらいのレベルでし

た。おそらく在任中から初期症状の記憶障害があったはずです。それでも、国務は以前と変わらずに行っていました。認知症を患っていても、軽度であれば病気が発症する前と変わらぬ生活を送ることができるのです。

老いれば見栄や嫉妬から解放される！

多くの方は、「高齢者になると介護施設で寝たきり生活になる」と想像しがちですが、それはあくまで80代後半から90代にかけての一部の方の事例にすぎません。私が知る限り、70代、80代はまだまだ元気でひとりでも十分に生活できるほど。90代でも、周囲の助けや公的サービスを上手に利用して、ひとり暮らしを楽しんでいる方がたくさんいます。

彼らの多くは、60代の私から見ても「なんだか充実していて楽しそうだな」と思う時間を過ごしています。近所の仲間たちと雑談を楽しんだり、猫と日向ぼっこして縁側でお茶を飲んだり。仲間内でカラオケを楽しむ人もいれば、自分でおいしいつまみを作ってゆっくり晩酌をしているような方もいます。

自営業の方の場合は、いまだに現役で働いている方も少なくありません。たとえば、12年連続でミシュラン三ツ星の高級寿司店として有名な「すきやばし次郎」の小野二郎《おのじろう》さんのように、97歳の現在もカウンターに立ち、お寿司を握っている人もいるのです。

老いることは怖いと多くの方は思うかもしれません。ただ、それは大きな誤解です。老いによって、様々なしがらみや嫌なことから解放される人のほうが大半です。

歳を取ってできないことがあっても、その分、やらなければならないことも減っていきます。できないことを「できない」と言っても、若い頃に比べると周囲の人が助けてくれる機会が増えていきます。

見栄や嫉妬などからも解放されるので、人生を自分の楽しみだけに生きることができます。すると、他人に対して寛容な気持ちになれるので、イライラすることも減っていくでしょう。

はっきりと言えるのが、若い頃よりも歳を取ってからのほうが、じっくりとゆっくりと、人生を謳歌《おうか》している方が多いということ。その実態を知れば、「実は歳を取るのは悪いことではないな」と思えるはずです。

「高齢者になるのは怖い」という誤解が広まったワケ

「高齢者になるのは怖いことだ」という誤解が、なぜこうも世の中に広まってしまったのでしょうか。

その要因のひとつは、「高齢者の生活を間近で見る機会が減ったこと」だと私は思います。

高度経済成長が始まる前の70年代くらいまでは、三世帯が一緒に住む大家族が多かったので、自分の祖父母がどうやって老いていき、亡くなっていくかを目の当たりにする機会がいまよりずっと多かったはずです。

しかし、現代では核家族化が進み、親や祖父母と一緒に暮らす人は減少の一途を辿っています。両親や祖父母が年齢からひとりで暮らせなくなった場合も、同居するよりは介護施設や病院などに入居させるケースが増えているので、身内に老いた家族がいても、会うのは年に数回という人が多数派でしょう。

その結果、人がどんなふうに老いていくかを目の当たりにする機会が、非常に減ってしまいました。家庭内で高齢者の姿についていて想像がつかなくなっていく一方で、メディアでは暴走運転や介護トラブルなどをはじめとする高齢者問題を報じています。

こうした現状によって、「高齢者になると認知症や寝たきりになって社会とのつながりがなくなり、何も楽しいことがないままに、病院で弱って死んでいく」というイメージが、人々に定着してしまったのではないかと私は思います。

老いは人と比べられない

老いを考える上で、大切な前提を二つお伝えします。

ひとつ目は、老いは非常に個人差が大きい点です。70代で認知症や寝たきりになる人もいれば、90代で現役で働くことができるお年寄りもいます。つまり、老いの状況はそれぞれ違うため、人によって大きな差が生まれてしまうのです。

10代の頃は、個人差といっても体力や筋力くらいしか差はありませんでした。1キロメートルの道のりを歩いたとき、10代であればほとんどの人がその距離を十数分で歩き切ってしまうでしょう。しかし、高齢になると10メートルを歩けない人がいれば、一方で10キロメートル歩いても平気な人もいます。それだけ状況に違いが出てくるのです。

「個人差が大きい」ことを知っておくだけで、周囲と自分を比較することが減ります。「同級生でまだランニングをしている人がいるみたいだけれども、それに比べて自分は……」「会社の同期で寝たきりになってしまった人がいた。自分もそろそろなのか……」などと嘆く必要はないのです。

ある意味、歳を取れば取るほどに、「自分は自分」という精神が大切になります。学校や会社では横並びの人生だったという人も、高齢になると横並びで比べることができなくなります。

だから、自分と周囲の人の「老い」に差があっても、焦る必要はありません。「老いとは人によって差があるものだ」と受け入れてほしいと思います。

他人の老い方が参考にならないのと同じく、過去の自分の老い方も参考になりません。

若い頃は10年前と現在とでは、あまり大きな違いを感じることはなかったかもしれません。けれども、老いてからは10年ごとのフェーズが大きく変わります。70代からの10年間と、80代からの10年間、90代からの10年間は、老い方が大きく変わります。だから、70代以降は、これまでの10年間を参考に次の10年間を予測することはできません。

個人差もある上、自分自身でも予測したことがない新しい世界がそこには広がっています。すべてが新しい体験だからこそ、むしろ、老いてからは自分のあるがままを受け入れてあげてください。

要介護を避けたければ「フレイルサイクル」に陥るな

もうひとつ、老いについて覚えておいてほしいのが、「老いはゆっくりとしか進まない」ということです。

人間は、ある日突然老けるわけではありません。だから、「あれ、ちょっと自分の体が衰えたかな」と気付いた時点で対策を取れば、老いを可能な限り遅らせることができるのです。

たとえば、以前は普通に歩けた道を通ったとき、以前よりも疲れを感じたとします。そのとき、「あぁ、歳を取ったのかな」と気が付いて、いつもよりも歩く習慣を取り入れてみると、以前と同じ状態を少なからずキープすることができます。

逆に言えば、注意しないと老いはどんどん進んでいきます。歳を取ると、誰しも昔のように体が動かなくなりますし、気力や体力も衰えていきます。しかし、気力や体力が失われているからといって、外出する機会を減らしてしまうと、脳への刺激や活動量も減ってしまいます。

それに伴い、体が消費するエネルギー量も減っていくため、食べる量も減少。食べる量が減れば、栄養が不足してしまい、筋力や筋肉量も減ってしまう「サルコペニア」という状況に陥ります。

筋力や筋肉量が減ると、活動するとすぐに疲れてしまうので、どんどん体を動かさなくなる上、基礎代謝も減ります。また、身体機能や認知機能も低下し、さらに行動する意欲も減る……という悪循環に陥ってしまうのです。

この現象を、老年医療の世界では「フレイルサイクル」と呼んでいます。「フレイル」とは「虚弱さ」という意味で、「フレイルサイクル」とは年齢を重ねたときに陥りがちな、悪いサイクルを意味します。

フレイルサイクルに陥ってそのままにしておくと、当然のごとく体も認知機能も衰えて、要介護状態へと近づいてしまうのです。

一般的に高齢者は、ある日いきなり体調を崩し、寝たきりになるのではありません。日々、少しずつ活動が減っていくことで、だんだんと要介護状態に近づいてしまうのです。

もし、要介護を避けたいと思うのであれば、このフレイルサイクルに陥らないことが肝要です。また一度、フレイルサイクルに陥ったとしても、そこから抜け出していけばいいのです。

では、どうしたらこの悪循環から逃れられるのでしょうか。その方法はシンプルで、「意欲を持って、行動すること」だけ。

何かをしたい、何かをやりたいと思ったら、まずは行動してみる。すると、外出や社会的な交流の機会も増えていき、フレイルサイクルから逃れることができます。

高齢者に大切なのは「これがしたい」という意欲

高齢になっても、楽しそうに生きている方々にはひとつの共通点があります。

それは、「好きなことをやっている」ということ。「健康に気遣い、細心の注意を払って生きてきた」というよりは、「やりたいことをやって生きていたら、気が付けば90代になっていた」という人のほうが圧倒的に多いのです。

多少腰が曲がっていても、車いすであっても、楽しそうな高齢者は自分の意思で活発に動き、いつも明るく朗らかで、ニコニコしています。

本書でも詳しく解説していきますが、数多くのお年寄りを見れば見るほどに、つくづく高齢者にとって何より大切なのは「これがしたい」という意欲だと強く思います。

よく会社を退職した方や子育てが終わった方がおっしゃるのが、「やることがなくなってしまって、心にぽっかりと穴が空いてしまった気がする」という一言です。また、このように意欲を失ってしまった方ほど、外出する意欲などが減ってしまうからなのか、老け込むのも早くなります。

その一方で、「こう見えても忙しいのよ」「毎日やることがあって、一日がすぐに終わってしまう」とつぶやく方もたくさんいます。こういう方ほど、いつまでも元気に見えます。

これは何も気力のせいだけではないと私は思います。毎日何かしら予定が入っているので、体を動かすし、頭もフル回転させるので、心身共に老け込みづらいのでしょう。一方で、目的がなくぼんやりと家の中で過ごしている人は、頭も体も使わないので、その機能がどんどん衰えてしまうのだと思います。

前頭葉を刺激し続けて活性化させよう！

定年前は「老後はあれをしよう」「これをしよう」と決めていたのに、いざ時間ができると、どうしても腰が重くなってしまうもの。気が付けば、リタイア後にやりたいことをたくさんリストアップしたのに、いざリタイアしてから何年経っても、まだひとつも達成できていない……なんて人も決して少なくありません。

これが老いの怖いところで、どんなに体が元気であっても、意欲が衰えてしまえば体は動きません。どうして人は老いると意欲がなくなってしまうのでしょうか。

その原因は、感情の老化です。外部からの刺激に反応しづらくなるので、自分の心にワクワクした気持ちや「これをやりたい！」といった強い気持ちが起こりづらくなるのです。

なぜ、感情が老化するのかというと、脳にある前頭葉という部位に要因があります。

前頭葉は感情や創造性などを司る脳の部位で、唯一人間の脳だけで特別に発達した器官として知られています。ところが40～50代になると、前頭葉の萎縮が徐々に始まってしまいます。中年になると、「若い頃よりもやる気がなくなった」「どこかに行きたいという気持ちがなくなった」という人が増えていくのは、前頭葉の萎縮が原因だと考えられています。

ただ、前頭葉が萎縮すればその機能が必ずしも低下するかというと、そういうわけではありません。刺激を与え続ければ、機能低下を防ぐことはできるのです。

前頭葉を刺激するのに大切なのは、「やったことがないことにチャレンジすること」「ワクワクするような楽しいことをやること」という二つです。

食べたことのない食べ物を食べたり、行ったことのない場所へ行ったり、話したことがない人と話したり、やったことのないスポーツに挑戦したり。苦手なことであっても、初体験の高揚感から意外と楽しめることも多いです。すると、前頭葉が刺激を受けて活性化されます。

高齢者になったからこそ、「新しいこと」にどんどん挑戦してみてほしいと思います。

老後こそ脳や体に刺激を与えるべき

「老後になったら、家の中でゆっくりしたい」

「歳を取ったら、ひっそりと静かに暮らしたい」

そんな老後の理想を抱く人もいるかもしれません。けれども、「永遠の休みをあげる」と言われたら、意外と困ってしまうものです。

たまにゴロゴロして休むのは楽しいですが、毎日その状態が続いていたら飽きてしまうはず。また、家の中で寝っ転がってばかりいては身体機能が低下するし、やる気もどんどん衰えてしまいます。

そのまま90代を迎えたら、脳や体の機能低下がどんどん進んでいくことは間違いありません。

とはいっても、幸せな90代を過ごすためとはいえ、「毎日1万歩歩く」「1時間散歩する」「脳トレをする」などのルールをつくると、楽しくないので、次第にやりたくなくなります。

さらに、何事も「つまらないなぁ」と思いながらやっていては、意欲は落ちます。また、脳は、退屈なことや自分が本当は嫌がっていることをやるときは、なかなか活性化しません。嫌いなことを勉強してもなかなか身につかないのに、好きなことを勉強するとぐんぐん吸収するのと同じことです。だから、「体のため」「頭をぼけさせないため」といって義務感でやっているものは、せっかく頑張っても、あまり効果がないのです。

自分にとってつまらないことを「楽しい」と思うのは至難の業。だから、高齢になればなるほど、自分にとって「楽しい」と思えることをどんどんやることが肝心なのです。

「やりたいこと」「好きなこと」は何も立派なことでなくても大丈夫です。「え、こんな些細《ささい》なことでもいいの？」と思うことでも、きちんと取り組めば、頭も体もたくさん使います。

たとえば、「これまでに作ったことのない料理を作ってみたい」というアイデアが浮かんだとします。その場合、まずはレシピを調べて、材料をリストアップする必要があります。買い物に行って、材料をはかって、切って、煮たり焼いたりといった調理も必要です。その間にお鍋やフライパンなどを洗ったりすることもあるかもしれません。料理ができたら、食器を並べて、おいしそうに見えるように盛りつけて……。

どうでしょうか？「作ったことのない料理を作る」という一見簡単なことでも、非常にたくさんの作業が必要になることに気付くでしょう。

以前からやってみたかったことだったら、なんでもいいのです。ワクワクするようなことはなんだったのかを、じっくりリストアップしてみましょう。

家庭菜園や釣り、旅行、音楽、美術館巡り……。自分がやってみたいと思うことに、思う存分挑戦してみてください。

新しい刺激を受けて前頭葉が活性化すると、ストレスもなくなるし、気持ちも元気になります。また、新しいことに挑戦すれば体も疲れるので、ぐっすり眠れます。

愛されるお年寄りと愛されないお年寄りの壁

幸せそうに暮らしている90代は、ほぼ例外なく周囲の人から好かれる「かわいいおじいちゃん」「かわいいおばあちゃん」だと思います。

愛されるお年寄りは、ちょっとぼけていても、いつもニコニコしていて幸せそうです。素直に人の助けも借りることができるので、車いすを押してもらったり、食事などの介助をしてもらうときも喜んで受け入れます。

反対に、愛されないお年寄りは、何をするにも不平不満ばかり言っていたり、「自分でやりたい」「触らないでほしい」「年寄り扱いするな」といって拒絶反応を示しがちです。

こうした差はどのようにして生まれるのでしょうか。私自身が長年数々のお年寄りを観察してみた結果、若い頃から我慢を重ねてきた人のほうが、高齢者になったときに人へのあたりが厳しくなる傾向があるようです。

以前、老人ホームで働く介護関係者の知人から聞いたのが、いつもスタッフに文句ばかり言っているきついおばあさんの話でした。常に人に当たり散らしてばかりいるので、スタッフの間ではあまり好かれていません。

では、昔からその人が、人から嫌われる人だったのか……というと、決してそんなことはありません。実はこの方は良妻賢母で子どもも立派に育てたようなしっかりした方だったのだと聞かされました。

一方、そのホームには、いつもニコニコしていてスタッフに愛されているおじいさんがいました。この方は、時々介護人に悪戯《いたずら》をするなど、とんでもないことをしでかす人だったそうですが、いつも笑顔で明るいため「憎めない」として、施設内でも人気者だったそうです。

そのおじいさんの若い頃の話を聞いてみると、浮気ばかりして、子どもたちからは全く好かれていなかったとか。ところが、かなり認知症が進んだ現在でも、いつもニコニコして多くの人から好かれていたのです。

この話を聞いたとき、私が抱いたのは、「人間は我慢しないで生きてきた人のほうが、歳を取ったときに憎まれない人になるのだろうか」という感想でした。

真面目な人やしっかりしている人は、ルールや決まり事に厳格で、「こうあるべし」という考え方に陥りがちです。特に、90代くらいになると、感情をコントロールする前頭葉をはじめとする認知機能などの影響もあるのか、その人本来が持っている性格がより一層強く出るようになります。

だからこそ、嫌われ者のおばあさんのように「いいお母さんであろう」「いい妻であろう」と我慢に我慢を重ねて生きてきた人は、歳を取ったときもその考えが脳に染みついているので、本格的に歳を取って、いざ楽ができるタイミングになってからも、自分や周囲に厳しい態度が表に出てしまうのでしょう。

常識に囚われすぎると窮屈な老後に

他人に迷惑をかけてはいけない、年甲斐もないことをしてはいけない……といった部分にはじまり、「朝ごはんは何時までに食べる」といった些細なルールでも、自分を律しすぎる生活を送っている人は要注意です。

もちろん、高齢になっても、きちんと自分の生活やルールを守って生活している人は素晴らしいし、周囲の人からも「しっかりした人だ」と尊敬されやすいでしょう。

けれども、「自分はこうでなくてはいけない」という考えを持ち続けると、他人に対する要求も厳しくなってしまいます。

「オーダーを早く取りに来ない」「時間通りに待ち合わせに来ない」などというちょっとしたことでもイライラして、そのストレスが募りやすくなります。そのため、家族や店員、友人などを怒鳴りつけたり、不満や愚痴を言ったりしがちです。

社会のルールや常識に囚われすぎて、老後を窮屈なものにしないためにも、若い頃、「しっかり者」と呼ばれていた人こそ、ぜひ実践してほしいのが「自分の中の常識やルールを破ること」です。

何も法を犯すようなことをしろというわけではありません。ご自身の中で、「これをしなきゃ」「あれをしなきゃ」という義務感や正義感からやっていることを、一度全部やめてみてほしいのです。

これまでの人生で、一生懸命家族のためを思って生きてきた人や、仕事のために頑張ってきた人ほど、そんな傾向が出てしまうのはもったいないことです。

ぜひ、こう考えてください。自分の残りの人生をよりよく過ごすためにも、一度肩の荷を下ろしていいのです。これからの人生は、社会の常識やルールに囚われず、自分が幸せだと思えることに思い切り挑戦してみてください。

そうした積み重ねが、ご自身が90代になって本当の高齢者になったとき、周囲に好かれる幸せな高齢者にしてくれるはずですから。

完璧主義だと老け込みやすくなる……

私がこうした提言をお伝えすると、なかには、「いやいや、自分を律せずにやりたいことばかりしていたら、どんどん老いてしまう。老化を食い止めるためにも、自分には厳しくしないとダメだ」とおっしゃる方もいらっしゃいます。

しかし、このように完璧主義を目指しすぎるのは、危ないと私は思っています。なぜなら、「不完全ならやらないほうがいい」という極端な思考に陥ってしまうからです。

完璧を目指す必要はありません。

自分に対して厳しく、さらに完璧を目指せば目指すほど、日常が苦しくなってしまいます。何事もほどほどでいい。完璧を追求せず、「だいたいできればまぁいいか」と受け流すことを目指してほしいと思います。

いい意味で、雑（あるいは適当）。

それが、幸せなお年寄りになるための大切な条件だと思います。

第２章

他人や道具を頼って第２の人生を楽しむ！

日本の高齢者は他人に頼らなさすぎる！

日本人は、「他人に迷惑をかけてはいけない」という信条を、非常に強く持つ民族だと思います。特に、年齢を重ねるほど、その傾向は強くなるように感じます。

「自分のような年寄りが派手なことをして、人に笑われてはいけない」「ケガや病気をして、家族や周囲に迷惑をかけてはいけない」という思いが強すぎるがゆえに、自分の行動をセーブしてしまいます。

ただ、私はこの「他人に迷惑をかけてはいけない」という思想を捨て、上手に他人や文明の利器に頼ることこそが、幸福な90代を過ごす大切なポイントだと感じています。

急に足腰が悪くなる。意欲がなくなる。眠れなくなる。認知機能がおぼつかなくなる……など、高齢者の人生には様々な障害が現れます。その障害は人によって全く違うし、現れる頻度も違います。

大切なのは、新たに現れた障害を乗り越えるための手段を探すことです。「もう年寄りだから」と諦めてはいけません。

便利な道具を使ったり、誰かに手伝ってもらったりすることで、老化における障害を上手に乗り越えられる人こそが、老化にうまく対応できる人だと私は思います。

長年、数多くの高齢の患者さんを診てきた身からすると、その障害を上手に乗り越えられる人ほど、いくつになっても元気で意欲的ですし、重い要介護状態にもなりにくい。日々やりたいことを楽しんでいるし、家族や友人とも良好な関係を築いているように思います。

逆に、老化にうまく対応できず、老いることをネガティブにとらえてしまうと、どんどん気力も落ちていきます。毎日のように自分の体の不満を並べたり、周囲の人の愚痴を言ったり。そんな日々を送っていては、行動する意欲はもちろん、身体的、認知的な機能も落ちてしまいます。

また、この状態になると、心がかたくなになってしまうのか、他人のアドバイスや福祉サービスなどもあまり受け入れなくなり、ますます行動しづらくなります。行動しなければ、老化も早まってしまい、「この年齢なのに、もうこんなに老け込んでしまったのか」と思うような方もなかにはいらっしゃいます。

どちらのほうが幸せそうかといえば、積極的に老化で起こる障害に対処して、意欲的に動いている人のほうが楽しそうに見えますし、自分自身もそんな高齢者になりたいと思います。

道具で行動のハードルを下げよう

幸せな高齢者になるためには、「意欲を持って行動すること」。それが本書における最大のテーマです。

ただ、「意欲を持って行動すること」の大きな障害となるのが「面倒くさい」「厄介」という気持ちです。機能が衰えた状態を放置していると、行動も制限されてしまいます。

だからこそ、いつでも自分が心理的、身体的負担がなく行動できる環境を整えるために、あらゆる手段に頼って行動のハードルを下げておくことが大切なのです。

世の中には、高齢者にとって便利な道具がたくさんあります。

老眼鏡や補聴器などはその最たるものでしょう。以前は、「年寄りくさくて嫌だ」と拒む人も多かったのですが、最近は性能がよく、見た目もオシャレなものが増えています。

誰にでも老化現象は平等に訪れます。老化現象が起こって、日常生活になんらかの支障をきたすのであれば、対策を立てればいいだけです。

私自身が最近、真剣に導入を考えているのがオムツです。

私は2年ほど前に心不全を患ったため、現在、心臓への負担を減らすために利尿剤を飲んでいます。そのため、トイレに行く回数が増えた上、以前ほど尿意をコントロールできなくなりました。

日常生活の中ではトイレの回数が多くてもさほど困ることはありませんが、車の運転をしているときに尿意に襲われるとつい焦ってしまいます。高速道路などに一度入ってしまうと、なかなかトイレは見つからないので、「いまこのタイミングに尿意が訪れたらどうしようか」とヒヤヒヤの連続です。

時には運転に集中できないほどの尿意に襲われることがあり、「危ないな」と感じることもあります。

そこで、対策方法として思いついたのが、大人用のオムツを活用することです。実際、長距離のドライブのときは使っています。

最初は、「オムツをするなんていかにも年寄りになったみたいで嫌だ」と思っていたのですが、いざ最初の抵抗感さえ飛び越えてしまえば、あとは快適に過ごせるものです。

大人がオムツをするのは、寝たきりになったときという印象が強いせいか、自分からオムツをつけることに抵抗感を抱く人も多いでしょう。

ただ、「漏らしてしまうかもしれない……」と緊張しながら日々を過ごすよりは、こうした高齢者向けの便利な道具を導入することで、心理的に安心を確保するほうが暮らしやすいと私は思います。実際、私と同じように頻繁に尿意に悩まされている患者さんが、オムツをつけるようになったことで、「精神的に楽になった」とおっしゃることが多いです。

特に、日本人は清潔に対する意識が高いので、おもらしをすることに強い抵抗感があります。それゆえ、高齢者がおもらししてしまった場合、周囲も過敏に反応しますし、本人も強い羞恥心《しゅうちしん》を感じて、「失敗してしまった……」と落ち込んでしまいます。それがきっかけになって、人前に出ることをやめてしまう人もいます。

「オムツなんて使いたくない」という心の枷《かせ》をはずして導入してみると、「あれ、意外と便利だな」と気が付くはずです。

また、大人用のオムツというと、大きなオムツを想像される方が多いかもしれませんが、最近はショーツのように下着とあまり変わらない「リハビリパンツ」と呼ばれるようなオムツもあります。

超高齢社会ゆえに、便利な道具はどんどん増えています。世の中にある様々な便利な道具を利用するだけで、自分の体に起こった老化現象を乗り越えることができるのです。

オムツ、補聴器、老眼鏡などといった文明の利器をぜひ存分に使って、意欲の障害となるものをどんどん取り除いていきましょう。

何か自分にとって面倒なことが発生したら、もっと楽にできる方法はないかと考える癖を身につけてください。何かのツールに頼ったり、お金がかかったり、誰かの介護の手を借りるとしても、意欲を持ってやりたいことを実行するのが幸せな90代になるための秘訣です。

補聴器で認知症の入り口を遠ざける

衰えたにもかかわらず、「放置しておくとまずい機能」もいくつか存在します。

たとえば、２０１７年に開催された国際アルツハイマー病会議での発表によれば、認知症になりやすいリスク要因の１位は難聴でした。このデータによると、認知症患者の９％が、難聴の影響で認知症を発症したと考えられています。

つまり、耳が遠くなってしまったときに、「耳が遠いけど、まぁいいか」と言ってそのまま対策を取らないと、認知症が進みやすくなってしまうのです。

おそらくですが補聴器を使わないと、耳から情報が入らずに脳へ刺激が伝わらなくなり、認知症になりやすくなるのだと思います。ですから、「補聴器はかっこ悪いから使いたくない」といって難聴を放置すると、気付けば認知症リスクまで高めてしまうのです。

他人との会話や映画や音楽などのメディアも楽しめなくなる上、認知症になってしまっては、残りの人生がもったいない。ここは、ぜひ心のハードルを下げて、ちょっとでも耳が遠くなったら、補聴器を導入することを、迷わず検討してほしいと思います。

余談ですが、そのほかに放置しておくと認知症を招く意外な病気が、歯周病です。歯周病菌が認知症の要因となる脳内物質のアミロイドβの生育を促進するといわれています。そして、それ以上によく嚙んで食べることが認知症の入り口を遠ざけるのでしょう。

歯は健康やＱＯＬ（人生の質）に大きく関連するパーツだからこそ、そのケアはぜひ念入りに行ってほしいところです。

「年寄り扱いされたくない」が一生のケガに……

「年寄り扱いされたくない」と言って、車いすや杖の使用を拒む方もいます。けれども、そんな方にこそ、できるだけ文明の利器を使ってほしいと思います。

その理由のひとつは、高齢者にとってケガは大きな致命傷となるからです。足腰がままならないのに、補助器具などを使わないで無理に移動し、転倒などをしてケガをしてしまうことは多々あります。高齢者になってからのケガは治りにくいし、何より運動機能を大幅に下げる一因になりかねません。

たとえば、骨折した場合、10代、20代ならギプスをしていても松葉杖をつけば歩くことができますし、ギプスがはずれればいままで通りに歩くことができます。

しかし、70代以降は全身の筋肉が衰えているので、骨折しても松葉杖をついて歩くことができず、治るまで寝ているしかないという人が大半になります。

寝てばかりいては、当然筋力は衰えます。1週間入院しただけで、下肢の筋肉は20％萎縮するといわれているため、骨折が治っても、今度は筋力がなくなって歩けなくなってしまうケースもあります。

一度筋力が衰えてしまうと、歩く、座る、立ち上がるという一見簡単な動作も上手にできなくなります。それゆえ、運が悪ければ、一度のケガから寝たきりになってしまう人も少なくありません。

だからこそ、未然にケガを防ぐためにも、車いすや杖などの便利な道具をどんどん使ってほしいと思います。

2回骨折しても歩ける92歳の母

車いすのように便利なものを使うと、依存してしまうのが怖いという方もいます。ただ、転んだりして体を痛めた人が、意地になって車いすを使わずにそのまま生活を送ると、また同じように転んでケガをすることもあります。

理想的なのは、どちらか片方に依存してしまうのではなく、自分の力でできることはやりつつも、「ちょっと辛いな」と思うときは、補助器具の使用を厭《いと》わないことです。

実際、車いすを使ってみたら、それ自体のよさに気付かされることもあるでしょう。

たとえば、ヘルパーさんなど介助してくれる人がいる場合は、車いすがあればかなりの距離を移動できます。もし、自分の足だけだと家の周辺までしか行けない人でも、車いすがあれば遠くの場所へ旅行もできるでしょう。そうすれば、様々な場所へ行けるようになります。

車いすなどの補助器具を使うことで「自分は老化したんだ」と落ち込むのではなく、むしろ自分の可能性を広げて、より新しいことに挑戦できる手段ができたと前向きにとらえてほしいと思います。

今年92歳になる私の母も、上手に文明の利器を使いこなすひとりです。

彼女は現在サービス付き高齢者住宅でひとり暮らしをしているのですが、２年ほど前に大腿骨頸部《だいたいこつけいぶ》を骨折しました。

「90代で骨折してしまったのだから、さすがに二度と歩けなくなってしまうのでは……」と、私は母が寝たきりになることも覚悟していました。

しかし、母は車いすを使いながら辛抱強くリハビリを続け、手押し車などを使えば、ひとりでも十分歩けるようになりました。

その後、もう一度骨折をしましたが、再びリハビリをして、自力で歩くことができています。おそらく母には、「このまま寝たきりにはなりたくない！」という強い意欲があったのでしょう。

もうひとつ、母が寝たきりにならずに済んでいる大きな理由は「歩けないこと」を過剰にプレッシャーに思わず、車いすや手押し車などの文明の利器を使いながら、その日の体調によって臨機応変に使い分けている点でしょう。

いまでも、「今日は調子がいいな」と思う日は頑張って手押し車などを使いながら歩き、「今日は調子が悪い」と思った日は「今日は車いすで行くわ」と無理せずに車いすを利用しているようです。

ひとつの手段にこだわらず、気分や体の調子に合わせて、文明の利器を自分勝手に使い分けてほしいと思います。

高齢者こそ情報発信をしてほしい！

スマホやパソコンは、シニア世代にとっても大切な文明の利器です。

若い世代であればこうしたデジタル機器を使いこなせない人はほぼいないと思いますが、高齢者にとっても欠かせない武器になります。認知症になったらパソコンやスマホなど使えないのではと思うかもしれませんが、初期段階の人であれば、まず問題なく使うことができるでしょう。

パソコンやスマホでインターネットを使いこなせれば、買い物も簡単にできるし、気になっていたものを調べるのも簡単です。

将棋や麻雀などをパソコンで楽しめるし、映画やお笑い、落語、音楽を動画配信やＹｏｕＴｕｂｅなどで自由に見ることもできます。

そのほか、コミュニケーション面でも、スマホやパソコンは役に立ちます。メールやチャットなどで友人知人と連絡を取れます。また、ＳＮＳやブログなどで情報発信もできます。


私は常々高齢者の方ほど、その現状を世の中に伝えるために、おおいに情報発信をしてほしいと考えています。

たとえば、ご自身が認知症を患ったのであれば、「いま認知症と診断されましたが、今日はこういう記事や本を読みました」「今日はこれだけの運動をしました」など、現状で自分ができることを、ＳＮＳやブログ、ＹｏｕＴｕｂｅ配信などを通じて報告してみるのはいかがでしょうか。

認知症と診断された方の実態がどんなものかがわかれば、「認知症＝自分が何者かわからなくなってしまって、社会生活が送れない人」という誤解を解くことができます。また、ご自身やご家族にしても、過去の記録が残ることで、1年、2年と経過していくうちに、自分がどのように変化しているのかがわかります。

認知症に限らず、日本の多くの人は高齢者の実態をあまりよく知りません。「歳を取るといろんなことができなくなる」「高齢者は社会にとっていらない存在だ」という誤解を解くためにも、ぜひ高齢者の方々に情報発信をしていただきたいと思います。

「人の力を借りる」ことが「老い」の解決策

高齢者になったなら、文明の利器のみならず、周囲の人にもどんどん頼ってほしいと思います。

歳を重ねると、どうしても体の動きが悪くなりますし、以前よりも意欲が落ちがちです。以前できたことが簡単にはできなくなります。

この本でも再三お伝えしてきましたが、「老い」が進む以上、誰しもその事実を受け入れざるを得ません。老いを受け入れずに逆らおうとすると、多大な努力が必要ですし、精神的に消耗する部分も増えていくでしょう。

では、どうすればいいのかというと、「人の力を借りる」ことが一番の解決策です。

これまで自分でやっていたことを他人に「手助けしてもらえませんか？」と頼むだけでいいのです。

道に迷ってしまったのならば、周囲の人に「申し訳ないのですが、道に迷ってしまったので道をおたずねしたいのですが」と頼りましょう。スマートフォンを持っている若い世代の人ならば、地図アプリを見ればだいたい現在地から目的地に行くまでの経路もわかります。

何かをしてもらったら、相手の人にはしっかりと笑顔で「ありがとうございます」と丁寧にお礼を言いましょう。基本的によほど変わった人でなければ、人にお礼を言われるのが嫌な人はいません。きちんとお礼を伝えれば、頼まれた側も「今日はいいことをしたな」という気持ちで一日が幸せな気持ちになるでしょう。

間違っても、「高齢者なんだから優しくしてもらって当たり前」というような上から目線をとらないように注意しましょう。

自分でなんとかしようと思っても、どこかでどうしても限界がきます。無理に頑張るのではなく、相手に嫌な思いをさせず上手に人に頼むスキルを身につけてほしいと思います。

もし、家族や知人に頼る人がいなければ、お金を払って頼んだっていいのです。いまは介護サービスも充実していますので、料理や買い物、掃除などはヘルパーさんに頼むことができます。介護サービスの範疇《はんちゅう》外のことでも、たいていのことにプロフェッショナルがいるので、業者を探して頼むこともできます。プロをどんどん活用しましょう。

助けてもらう下地をつくっておく

病気になると、「みっともない」「恥ずかしい」という感情から、周囲に自分を晒《さら》すことができず、家の中に閉じこもってしまう方もいます。しかし、それでは体の機能が落ちてしまうし、何よりも人生が楽しくなりません。

大切なことなので、何度も繰り返しますが、高齢になればなるほど、人生では「自分がやりたいこと」「楽しいと思えること」をやることが肝心です。自分の病気を隠して、やりたいことや楽しいことができなくなるくらいなら、最初にきちんと周囲に病気であることを伝えておきましょう。

たとえば、昔の仲間との会合などに行きたいけれども、自分が認知症になってしまったために、「他人に迷惑をかけたくないから」といって躊躇《ちゅうちょ》したとします。

けれども、認知症だからといって行動を狭めると、認知機能はさらに衰えてしまいます。

外出を制限するくらいならば、会合で会う仲間たちに「自分は認知症と診断されたから、おかしな行動をとったらよろしくね」と一言伝えておけばいいのです。自分が認知症であることを周囲に伝えて、受け入れてもらった上で、行動の機会をどんどん増やしていくことが、認知症の進行を遅らせるひとつの手段になります。

帰り道が心配なレベルになったら、周囲の人に「もし様子がおかしかったら、帰り際はタクシーに乗せて、運転手さんに住所を伝えておいてください」と言っておけば、最後まで安心して楽しむことができます。

こうした予防策をとっておけば、何か普段とは違う行動をとったとしても、周囲の人からは「あぁ、認知症があるからだ」「何かあったときは積極的にサポートしよう」と受け入れてもらえます。

これは認知症に限らず、あらゆる病気や症状についていえることでしょう。体が老いて、病気や身体的な不備が出てくると、どうしても他人に頼らざるを得ない部分も出てきます。

医師から認知症について告知を受けたら「こういう病気になったから、何かあったらよろしくね」と伝えておきましょう。

ついプライドが邪魔して、「自分の弱みを見せたくない」「自分が衰えた様子を見せたくない」と思いがちですが、まだ頭がしっかりしているうちに自分で病状をきちんと伝えておくことで、周囲の理解を得ることができます。

逆に、ご自身が認知症になったことを周囲に伝えないままだと、周囲の人はどのように接していいかがわかりません。本人は無理していつも通りに振る舞っているつもりでも、なんらかの違和感は生まれます。そして、周囲からはどうしても「なんだか最近様子が変だな」と不思議に思われてしまうものです。

そして、「どうやらぼけてしまったようなので、会合に呼ぶのをやめよう」といって、遠慮されてしまいます。結果、どんどん人間関係がやせ細ってしまい、気が付けば周囲には誰もいなくなる可能性だってあります。

でも、実際のところ、初期の認知症はもちろん、中期くらいまでは、以前と変わらぬ交流ができます。だからこそ、自分から状態の程度や対処法を周囲の人に伝えておいて、対応してもらう下地をつくっておくことを心がけてほしいと思います。

「一足先にお世話になるね」の精神

70代以上になると、同窓会などの会合に参加したとき、パートナーや子どもを同伴する人も珍しくありません。

足元が危ないから、家族に支えてもらう。耳が遠いので、話の内容を伝えてもらう。指などがうまく動かないので、料理を取り分けてもらう。目が悪いので、会場まで連れてきてもらう……など、様々な理由で、誰かを同伴するのです。

昔は、「せっかくの知人の集まりに、家族を連れてくるなんて」と思っていたかもしれませんが、高齢になると当たり前になります。

また、それが楽しくないのかというと、決してそんなことはありません。

実際に、70代で自分の同窓会に参加した男性が、自分の同級生に妻を同伴している人が非常に多いので驚いたそうです。では、楽しい気持ちに水を差されたのかといえば、その反対。

みんなでワイワイと盛り上がり、楽しい時間を過ごし、男性は「あぁ、みんな、いろいろあるものだな。でも、集まればもとの楽しい時間が戻ってくる」とうれしくなったそうです。


70代にも差し掛かると、同級生の間では明確な差が出てきます。

歩ける人もいれば、杖をつく人もいる。車いすの人もいるでしょう。

若い頃は歩けない人がいれば、特別に優しくしようという気持ちが湧いてきたにちがいありません。しかし、高齢者になると、誰もが不自由を抱えることが当たり前になっていきます。

不自由な体になったとしても、周囲の人や文明の利器に頼り、自分の「老い」を晒け出すことで、以前のように楽しい時間を過ごすことができるのです。

また、人より先に老いが訪れた張本人が楽しんでいる姿を見せるのは、まだ老いが本格的に訪れていない周囲の人にとって、自分の老い方を想像する上での参考になると思います。

多くの人が認知症や体の不具合に対する不安を抱える昨今だからこそ、自分より先に老いが訪れた人が楽しそうに会合に参加している姿を見ることは、勇気にもつながるでしょう。

年齢を重ねれば、自分だけではなく周囲の人も徐々に体に変調をきたすものです。同世代の人ならば、「今度は自分がサポートしてもらうかもしれないな」と優しく対応してくれるはず。

老いは、いずれは誰もが通る道。他人のお世話になることを遠慮する必要はないのです。

「みんなより一足先にお世話になるね」というような気持ちを持って、どんどん周囲の人を頼っていきましょう。

デイサービスも徹底的に利用しよう

公的サービスも、使えるものはどんどん使っていきましょう。

なかでも私がおすすめしたいのが、要介護の認定を受けると利用できるデイサービスです。以前はデイサービスというと、高齢者たちが集まってお遊戯のようなダンスをしたり、童謡を歌うような光景が頭に浮かんだと思います。

しかし、介護保険サービスが始まった2000年から、デイサービスの印象は大きく変わりました。利用している高齢者の方々から様々な要求を受けたせいか、この20年以上の間でデイサービスの現場ではいろいろな研鑽《けんさん》が行われています。

たとえば、デイサービスで歌う歌にしても「童謡は子どもっぽいから嫌だ」とクレームが多かったことから、童謡ではなく、その年代の方々がかつてカラオケで歌っていたような歌謡曲やニューミュージックなどを選ぶ。ダンスにしてもお遊戯のようなものはやめて、ヒップホップダンスのようにノリのよいものを導入する施設もあるそうです。

高齢者が増えるとともに、どんどん介護サービスは進化しています。昔の印象で判断してしまうのは早計です。「自分には合わないな」と思ったらやめればいい。ぜひ一度その世界に飛び込んでみてほしいと思います。

みなさんは、精神科医の長谷川和夫《はせがわかずお》さんをご存じでしょうか。認知症の研究に大きく貢献された方で、現在でも長谷川さんが考案した「長谷川式認知症スケール」と呼ばれる診断方法は広く用いられています。

長谷川さんがすごかったのは、ご自身が認知症を発症してからも、ずっと活動を続けていたことです。むしろ、認知症になったことをオープンにして、ご自身の経験談などをつまびらかにしていきました。

２０２１年11月に亡くなるまで、日本各地で講演を行い、認知症とはどんなものかを身をもって表現していかれました。認知症になりながらも、「認知症はちっとも不幸なものではない」として、ご自身の姿を世間に見せ、認知症の誤解や偏見を解くために広くご活動されたのです。

そんな長谷川さんも、日頃から積極的にデイサービスを利用し、その効果を体感していたようです。地位や名誉のある人ほど、「デイサービスなど行きたくない」とこだわりがちですが、長谷川さんのような認知症の専門家も認めたデイサービスを使わない手はないと私は思います。

なぜ家族に介護をさせないほうがいいのか？

基本的には「他人に頼ること」は高齢者になると非常に大切なことです。なかでも家族に頼るのは重要なことです。「家族に迷惑をかけてはいけない」などと思わず、どんどん頼っていきましょう。

ただ、それはあくまで生活上の小さなサポートについて。本格的な介護については、できるだけプロの手に任せたほうがいいと思っています。

ここ十数年でだいぶ風潮は変わったかもしれませんが、やはり「住み慣れた我が家で家族に最期まで面倒みてほしい」「子は親の面倒を最期まで見るのは当たり前」という考えを持つ方は、決して少なくありません。

しかし、要介護度が進むほど、介護の負担はどんどん重くなっていきます。

その結果、かつては仲がよかった家族の絆が壊れてしまったり、大切な家族から介護者が嫌われてしまったりすることもあります。

昨今は介護疲れという言葉も広く聞かれるようになりましたが、介護によってほかの家族の日常生活に支障が出て、人生を壊してしまうことも多々あります。大切な家族だからこそ、その人生をしっかり生きてほしいと思うのならば、できれば介護負担は少なくしてあげるべきだと思うのです。

介護による負担は、身体的な負担はもちろんですが、精神的な負担も大きくなります。疲労が積み重なって自分ではどうしようもなくなって、親や配偶者を老人ホームに入れた場合、介護した側の家族は、「自分は親を捨てたのだろうか」「もっと自分が頑張ればよかったのではないか」などと、いつまでも罪悪感を抱いてしまいます。

そうした精神的負担も、愛する家族を想えばこそ、できれば避けたいものです。

なるべく家族に介護してもらう時間は少なくして、早めに老人ホームに入居することをおすすめします。どれだけ愛する家族であっても、介護負担によって絆が壊れてしまうのであれば、早めに施設に入って、たまに家族に会うほうが嫌われずによい関係を保つことができます。

特に、認知症を患っている場合は、その介護負担は人一倍重くなります。認知症の大きな特徴は、他人とのコミュニケーションが次第にうまくいかなくなることです。本人は意図してなくても、暴言を吐いたり、「財布がない。お前が盗んだんじゃないか」と言って周囲の家族を疑ったりするような兆候が起こりやすくなります。

にもかかわらず、家族であればあるほどに「介護されて当たり前」という気持ちが出てしまうので、なかなか感謝が生まれません。そのため、家族の精神的な疲労が積もっていって、やがては介護のプロたちが集う施設にお願いする……というケースを、私は何度となく目にしてきました。

どうしても「家族に介護を頼みたい」「自宅で死にたい」ということであれば、介護してもらう見返りとして何か金銭的な対価を用意することも大切です。たとえば、介護をしてもらう代わりに毎月一定額の金額を支払うなどのルールを決めてもいいでしょう。

配偶者や家族に対して、「善意」や「愛情」だけを求めると、どうしても相手も疲れてしまいますし、どこかで必ず不満が溜まります。感情ではなく、契約関係としてある意味ドライな関係をつくっておくことで、「お金をもらっているのだから多少はしかたない」と割り切れる状況を築いておくべきです。

家族間でそんな取り決め事は冷たいのでは……と思うかもしれませんが、大切な家族だからこそ、大切な部分はきちんと決める。情だけに頼った結果、家族に嫌われてしまっては、元も子もありません。

きちんとルールを決めたほうが、家族から嫌われず、幸せな老後を送ることができるはずです。

「できること」を喜ぶ

「なんでも自分でやりたい！」と思うのは、意欲的でよいことだと思うのですが、人の助けを借りたくないあまりに、いろいろなことを我慢してしまう人も多いものです。

たとえば、車いすを押してもらえばもっと遠くへ行けるのに、「人の手を借りたくないから」と車いすを拒んでしまう。介助の人に頼めばもっといろいろな料理が食べられるのに、「人を台所に入れたくないから」といってカップ麺やコンビニご飯で済ませてしまう。

こうなると、できることがどんどん制限されてしまいます。

歳を取ってからは、上手に人の手を借りるほうが得ですし、人生を楽しめると私自身は強く思います。

人間として生まれた以上は、誰しも機能は衰えていきます。

足腰が先に衰える人もいれば、脳が先に衰える人もいます。どちらが先に衰えるかは、あくまで個人差です。

大切なことは、機能が落ちたときに嘆くことではなく、「まだできること」の機能を頑張って残して、「できなくなったこと」については潔く諦めるということ。どちらも手に入れようとして「できない」と悩むことは、心身に負荷がかかるからです。

たとえば、車いす生活になったとしても、頭がしっかりしているのであれば、座りながらできる楽しいことをたくさんやればいいのです。大切なのは、「できること」があるのを喜ぶことです。

高齢者になると、「自分はもう駄目だ」と思い込んでしまい、何をするにも意欲を失ってしまう人は決して少なくありません。老化が進むパターンとして一番多いのが、意欲が衰えた結果、外に出なくなって体を動かさない、人との会話が減り、頭を使ったりしなくなることです。

逆に言えば、歳を取っても意欲が衰えない人は、足腰が弱くなっても、多少認知症が始まったとしても、ずっと元気で楽しそうなままです。

みなさんにはどうか、そんな上手に周囲の人や道具に頼って生きる、楽しそうな90代を目指してほしいと思います。

第3章　医者を信じすぎず健康な高齢者に

医者の言葉を信じる必要はない！

90代まで生きるなんて、夢のまた夢。

しかも、90代まで健康で生きるなんて、自分には縁のない話だと考えている方は、決して少なくはないと思います。

しかし、「まえがき」でもお伝えしたように、2022年時点で日本における90歳以上の人口は265万人に上ります。若い頃は、「まさか自分がそんなに長生きするわけがない」とは思っても、自分が90代まで生きることは大いにあり得る時代になったのです。

とはいえ、「90代になったときの人生を覚悟しておけ」と言われても、どうしたらいいのかよくわからないというのが本音ではないでしょうか。

そんななか、多くの方が老後の道しるべにするのが医者の言葉です。

医者のすすめる健康法や治療法に従うことで、ご自身の健康を保とうとするのです。

けれども、長生きをしたいなら、医者の言葉を信じる必要はありません。むしろ、歳を取れば取るほどに、医者の言うことは聞いてはいけない。盲目的に医者の言うことを信用すると、健康を害してしまうリスクもあります。時には、病気を治す立場である医者が、病気をつくっているのではないかと感じることも多々あります。

「個人差」が無視される現代医学

なぜ、医者の言葉は信用ならないのか。その最大の要因は、現代医学では「個人差」というものを考慮していないからです。

みなさんもご存じの通り、人間には誰しも個人差が存在します。顔かたちや身長、体重がそれぞれによって違うように、体質も人によって大きく違います。同じものを食べても、お腹を壊す人がいれば壊さない人もいる。同じような生活スタイルを送っていても、寝たきりになる人がいればピンピンしている人もいます。

これらを分けているのは、あくまで「個人差」です。

世間で言われる健康法の多くは、個人差を考えていません。すべてはデータに基づいた確率論でしかないのです。

多くの医者は、「長生きするためにはこうしろ」「寿命を延ばすためには、こうした健康法がいい」と言いますが、それはあくまで過去のデータ（しかも、通常は外国のもの）に基づくもの。あくまで、「こうしたほうが長生きする可能性が高い」「こうしたほうが健康になれる可能性が高い」ということをエビデンス（証拠）と称して出しているだけなのです。

たとえば、「朝食を食べるのは健康によいのか」を調べる調査が行われたとしましょう。その結果、「毎日、朝食を食べたほうが健康にはよい」という人が7割、「朝食は食べないほうが体の調子がよい」という人が3割との結果が出たとします。

結果だけを見ると、「7割の人が『よかった』というのなら、朝食を食べたほうが健康にはいいのではないか」と思う人が大半ではないでしょうか。実際、医師の多くもそう考えるため、患者さんにはデータ上でより多くのよい結果が出た方法を実践するように伝えます。

成功率が高い選択肢を取ることは理論的に正しい考え方ではありますが、人間は個人差が大きいので、調査に基づいたエビデンスを出したとしても、その通りにならない人が少なからず存在します。

もしかしたら自分の体質によっては、「朝食を食べないほうが体によい」可能性も3割残されている。個人差を無視して、その可能性を考慮しなかったせいで、医師の言葉とは全く逆の効果が表れる可能性もあるのです。

欧米の健康法をそのまま導入する日本の医師

医者の言うことが当てにならないもうひとつの理由は、日本の医療業界では外国の調査データや健康法をそのまま適用する点です。

人には個人差があるように、人種間にも体質的な差があります。そのほか、文化的な背景も食文化も違います。だから、外国人では効果のあった薬や治療法が、日本人に対しても同じように効果があるかはわかりません。それにもかかわらず、人種差や文化的背景を考えずに画一的な治療法や健康法を行うことは、逆に危ないと私は思います。

たとえば、日本では盛んに「肉食は体に悪い」と喧伝《けんでん》されてきましたが、これも欧米の健康法をそのまま導入しているからです。

肉食中心で肥満が多い欧米では、多くの国で死因の１位が心疾患です。肉類を食べると動脈の壁にコレステロールが溜まって、血圧が上がり、血管が詰まりやすくなると考えられています。結果、心筋梗塞が起こりやすくなるので、欧米の医者たちは「肉を食べすぎるな」と患者に伝えるのです。

ただ、日本の場合、この忠言が当てはまるのかは、はなはだ疑問です。

たしかに近年は日本人の食生活も欧米化していますが、食文化や体格の違いから、実際に肉を食べる量は欧米人よりも日本人のほうが圧倒的に少ない。日本人の食生活や体格などを見ていると、欧米人と違って肉の摂取を減らす必要はないのです。

さらに、欧米人と日本人でその死因は大きく異なります。欧米人の死因の第1位は心疾患です。一方、厚生労働省が発表した令和3年（2021年）の「人口動態統計」によれば、日本人の死因の第1位はがん（腫瘍）で26・5％、第2位は心疾患（高血圧症を除く）で14・9％、第3位は老衰で10・6％、第4位は脳血管疾患（7・3％）です。そもそも欧米人よりも心筋梗塞のリスクが少ない日本人が肉食をやめたところで、それほど健康に影響があるとは思えません。

むしろ、肉は効率的にタンパク質を補給できる食材なので、高齢者は積極的にとるべきです。にもかかわらず、日本の医学界では、「高齢者は肉を食べないほうがいい」と喧伝する。これは由々しき事態でしょう。

人種が違えば、体のつくりや食生活も違うので、健康常識が変わるのは当然のこと。本来は、日本人の食事量や体質に即した健康法を伝えるべきなのに、データのない日本は欧米に倣《なら》って表面的に、「肉食を控えるように」と患者に伝えることしかしないのです。

なお、先ほど日本人の三大死因の1位はがんだとお伝えしましたが、それは世界的に見て日本人に不安症が多いことも一因でしょう。

ストレスを溜めがちな日本人ならば、むしろ食生活をそこまで厳しく管理せず、食べたいものをしっかり食べるほうが健康にはプラスかもしれません。しかし、間違った健康法によって、抱えなくてもいい食生活の我慢が募った結果、ストレスによって免疫機能が低下してがんになる人も増えているように思います。実際、先進国の中でがんによる死亡が増えているのは日本だけです。

「医師の言葉を聞きすぎなくていい」という提言は、食生活に限らず、すべての健康法に言えることです。日本人は本当に真面目で不安症が多いため、ちょっとした数値の異常でも真面目に医者の言葉や世間の常識に従ってしまいます。でも、そんな行動がストレスを溜める要因になって、病気を引き起こしたり、豊かな人生を阻害する要因になることもあります。

根が真面目な人が多いからこそ、日本人は思う存分「やりたいこと」をやるくらいのほうが、ちょうどいいのです。

健康診断の数値は信じなくていい

あなたはいま健康ですか？　それとも不健康ですか？

そう質問されたら、みなさんはどう答えますか？

実は、「健康」という言葉の定義は、なかなか難しいものです。健康診断などの検査データがすべて正常ならば健康と言えるのか。それとも、体が何不自由なく動くのが健康なのか。

世間一般には「健康寿命」という単語も一般的になりましたが、これも元はといえば「自分自身が健康だと思いますか？」という問いに対して、「はい」と答えた人の人数と年齢によって算出されています。つまり、自分が健康だと思っているかどうかという主観で決められているのです。

足腰が弱って動けない人が、「自分は健康です」とは答えないと思いますが、ほんの少しの不調であっても薬を飲んでいたら「自分は不健康だ」と思うかもしれないし、同じ状況でも人の手を借りずに毎日を楽しく過ごせているのであれば「健康」と考える人もいるでしょう。

実は、健康とは回答者の主観的な部分が、大いに関係しているのです。

「健康とは、健康診断などの数値が正常な人ではないか」と思う人もいるでしょう。

健康診断を受診した際、つい気になるのが自分の数値。果たして今年も正常値だっただろうか……とドキドキする方も少なくないはずです。そして、正常値でなかった場合は、焦って対策を取ってしまう。

しかし、この「正常値」についても、あまり気にしなくていいと私は思っています。なぜなら、健康診断などのデータも、その人が健康かどうかを証明する根拠となるかというと、はなはだ疑わしいものだからです。

健康診断などにおける正常値や平均値という数値は、あくまで相対評価で決まります。

日本の健康診断は、「一般の人の平均」を中心に上下95％の人が「正常」とみなされ、この平均の上下95％よりも数値が高すぎる人や低すぎる人は「異常」とみなされます。しかし、「異常」とみなされた数値の人々の健康状態が悪いのかというと、必ずしもそうとは限りません。

数値が正常でも病気の人はいますし、数値が異常と判定されても健康体の人もいます。健康診断の数値が高すぎたり、低すぎたりしても、本当にその人が不健康かを示す証拠はないのです。

日本で使われている様々な健康にまつわる数値は、こうした「平均値」を元に決められていることが多く、実はその信ぴょう性は必ずしも高くはありません。

それにもかかわらず、多くの医者や患者が検査データ至上主義になり、何かの基準値を超えると正常な範囲に戻すために薬を飲んだり、自分の病気を疑い不安がったりする傾向があります。それをいちいち病気として対処して、薬を飲んでいたらきりがありません。

また、人間誰しも、体が老化すれば不調が出てくるのは当然のこと。70～90代の人であれば、見た目は健康であっても何かしら病気や不調を持っているものです。数値の異常があっても、みんな元気に生きているのです。

むしろ、その年齢まで元気に生きてきたのであれば、その人にとっては「異常な数値こそが正常」という可能性もあります。

数値と医学に明確な関係性がない以上、ご自身の調子がいいのなら、ちょっと基準値や正常値からはみ出したとしても、さほど気にする必要はありません。そこで薬などをむやみに飲むほうが、体調を崩すリスクを秘めています。

なぜ医者はたくさんの薬を処方するのか？

年配になればなるほど服用する薬が増えていく……と実感する方は多いのではないでしょうか。

医者に言われるがまま薬を飲み続けることに私は反対です。

日本人はかなりの〝薬漬け大国〟です。多くの人が、医者から処方された薬を疑いもなく飲むことに慣れすぎています。また、健康診断などで正常値と呼ばれる数値から少しでもずれると、異常値をなんとかして正常に治したいと、自分から「薬が欲しい」とおっしゃる方までいます。

なぜ医者はたくさんの薬を処方するのか。たくさん薬を出したほうが儲かるからだと思うかもしれませんが、現在の医療制度では、院外処方のシステムが採用されており、医者はいくらたくさん薬を出しても処方箋料しか手元には入りません。たくさん薬が出れば、むしろ儲かるのは製薬会社や調剤薬局のオーナーでしょう。

にもかかわらず、医者が薬を多く処方する大きな理由は、医者の多くが自分の専門外の病気についてよくわかっていないからでしょう。

たとえば、血糖値が基準値を少し超えている患者さんを受け持つ、糖尿病内科の医者がいるとします。自分の専門領域である糖尿病については、その医師も対処法がよくわかっているはずです。ゆえに、薬をなるべく使わないで生活習慣を見直しながら、数値を正常値に戻そうと治療を行うかもしれません。

しかし、その患者さんが高血糖に加えて高血圧も併発している場合は、どうするか。その場合は、すぐに血圧を下げる薬を出してしまうのです。

なぜこうした現象が起こるのかというと、現代医療では専門化が進みすぎて、自分の専門領域外の知識を学ぶ機会がないためです。

本当は自分の専門外の知識も勉強すればいいとは思いますが、多くの医者は、ほかの領域を侵してはいけないという先入観にとらわれがちです。また、専門外のことを勉強する医師に対しては、「中途半端な知識のまま、いい加減なことを言っているのではないか」と揶揄《やゆ》する風潮すらあります。

自分の専門の症状については医師も対処方法がわかるので、「こうした生活習慣の改善で様子を見よう」と判断できる。けれども、自分の専門外の病気を併発している場合は、その病気を治す術を知らないので、ガイドブックを参照して、医療業界の標準治療とされる治療法を採用します。

ひとつの病気に対する標準治療としては、２、３種類の薬が処方されます。高齢者の場合は、２つ、３つは病気を抱えているものなので、結果的に処方する薬の量が多くなってしまうのです。

もうひとつ、医者が薬をたくさん出すのは、「保身」という側面もあるでしょう。標準治療として決められた薬の種類や量を出しておけば、万が一副作用などでその患者さんの身に何かあっても、医療ミスで医者が訴えられることはありません。

逆に、医者が薬を出さなかった場合は、医者のせいだとして責任追及される可能性もあります。このように自分の身を守るために、患者さんのことを考えずに薬をたくさん出す医者が増えていくのです。

人によって薬の適正量は違う

薬について、個人差を考慮しない医師が多いのも問題です。

身長や体重が人によって違うように、本来ならば人によって薬の適正量は違います。

しかし、日本の医療業界では、成人した人であれば、80キロの成人男性であろうと35キロの90代の女性であろうと同じ分量の薬を処方するのが当たり前です。

本来であれば、それだけの体格と年齢の差があれば、食べる量が違うように、薬を飲む量も変えるべきです。体重が減少している高齢者に、普通の成人と同じ量の薬を処方すれば、なんらかの副作用があると考えるのが自然でしょう。

もし、いまの薬を飲み続けることで、体調が悪かったり、頭がぼんやりしたり、といった不調が出ているようでしたら、医者に薬の量について相談しましょう。

これは薬の飲みすぎによる意識障害と考えられ、事故やケガの原因になりかねません。

もし症状を訴えているのに、その医者が「この薬の量で問題ない」と言うようであれば、その医者は信用しなくていいでしょう。薬に関しては、最近は薬剤師のほうが詳しいこともあるので、調剤薬局で相談してみてもいいでしょう。

高齢の患者さんの場合は、20代、30代の頃と比べると内臓の働きも変わってきます。なんでもかんでも薬で改善することは不可能です。それにもかかわらず、検査データを正常値に戻したいからといって薬を飲むと、かえって体に負担を与えることもあります。

90代は認知症が多数派

高齢者の健康を考える上で、避けて通れないのが認知症の問題です。

歳を取れば、誰であっても認知症になる可能性があります。認知症の診断テストでは、70代前半の人が認知症になっている割合は４％ほど。70代後半では約10％になります。そして、80代になると約20％、85歳には40％強にまで増えていきます。

90歳以上になると60％以上、95歳の場合は80％の人が認知症として診断されてしまいます。90代になれば、もはや認知症になっている方が多数派なのです。

私がかつて働いていた高齢者専門病院では、１年に１００例ほど、高齢者の脳の解剖を行っていました。解剖している病理医に話を聞いたところ、85歳を過ぎるとほぼすべての患者さんの脳にアルツハイマー型の認知症にみられる変性があったとのことです。

認知症は誰しもが避けて通れない老化現象のひとつ。「ならないように」と予防することはもちろん大切ですが、どんなに予防しても、老いから逃れることはできません。程度の差こそあれ、誰もが認知症になる可能性はあるのです。
まずは、この事実をぜひ受け入れてほしいと思います。

そうはいっても、他人の顔もわからなくなり、果てには自分の名前すら忘れてしまう……。そんな状態に陥るのは、誰もが怖いと感じるはず。

ただ、実態を知らないのに「認知症になるのは怖い」「認知症になるのは不幸だ」と過剰に認知症を怖がるのは、いかがなものかと思います。

まず、認知症の進行は数年単位で進むものです。老化はゆっくり訪れるもの。認知症になったとしても、最初は少しずつ物忘れをしてしまう程度しか異変は起きないので、日常生活にはさほど支障をきたしません。

たとえば、よく認知症の進行具合をチェックする質問例として挙がるのが、

「夕飯の内容」です。「昨日の夕飯は何を食べた？」と言われたときに、誰でも少しは考えてしまうもの。認知症がある程度進んだ人の場合は、夕食を食べたこと自体を忘れてしまうのです。

ただし、この程度の物忘れであれば、日常生活で困ることはありません。

もしも、夕食を一緒に食べた相手に、「あれ、昨日はカレーを食べたのに覚えてないの？」と不安がられたら、「あぁ、そうだったね！」と笑顔で返答すればいいのです。

待ち合わせを忘れても、大事な用事なら先方から連絡があるはずです。

道に迷ったなら、誰かに助けを求めればいい。

先ほども述べたように、基本的には90代までに6割の人が認知症になります。

認知症を避けることに注力するよりも、もしなってしまった場合は、どのように対策を取るかという心構えのほうが大切なのです。

「認知症＝人生の終わり」ではない

いざ、認知症になった場合、最も大切な対策となるのが、「自分がやりたいと思っていることを可能な限りやること」です。

たとえば、認知症の代表的な症状のひとつが、「今いる場所がどこなのかわからない」「何月何日で何時かがわからない」など、自分の置かれた状況がよくわからなくなること。この症状は、「失見当識《しつけんとうしき》」と呼ばれます。

ただ、初期や中期の認知症であれば、「失見当識」が出たとしてもできるだけ自由な行動を心がけたほうが、本人の意欲や認知機能が衰えずに済みます。

しかし、その事実を知らないと、行動を控えようという意識が働いてしまいます。たとえば、失見当識が出ると道に迷いやすくなるため、ご自身は「ひとりで出かけるのは怖い」と思い、周囲の人も「散歩させるのは怖い」と感じるようになって、あまり外に出なくなってしまうのです。ただ、行動しなければしないほど意欲は失われるし、体の筋力も衰えてしまいます。

だからこそ、「失見当識」のような認知症の症状が出たとしても、むやみに行動を抑えるのではなく、万が一に備えた対策を心がけることのほうが大切です。

たとえば、ネックストラップを取り付けた見守り用ＧＰＳを常に携帯しておけば、道に迷っても家族はどこにいるかを確認できます。

「認知症の人が散歩などに出たら、自動車に轢《ひ》かれてしまうのではないか」と心配されるケースも多いのですが、それは杞憂《きゆう》です。

私はこれまでに４０００人ほどの認知症の患者さんを診察しましたが、「自由に歩き回って車に轢かれてしまった」という患者さんはひとりもいません。

認知症の症状が進んだとしても、すべての能力が失われるわけではなく、いくつかの能力は残り続けます。なかでも、自分の身の危険性を感じる能力はもはや動物的本能なので、最後の最後まで発揮されるのではないかと思います。

認知症のひとり暮らしも危ないと考えられがちですが、実は認知症患者さんでひとり暮らしをしている方は大勢います。かなり重い人でもひとり暮らしをしています。

認知症になったからといっても、いきなり何もかもができなくなるわけではありません。

「残存機能」といって、昔から習慣づけていた行動ならば、認知症になっても変わらずにできることもたくさんあります。

「認知症＝人生の終わり」だと悲観しないでほしいと思います。

「きんさんぎんさん」のように幸せなお年寄りに

認知症は悪いものという印象がありますが、それはあくまで外部からの見方にすぎません。繰り返しになりますが、私自身、認知症は長くこの世を頑張って生きた人への〝ごほうび〟なのではないかと思うこともあるほどです。

たとえば、幸せそうなお年寄りとして有名なのは、かつて100歳の双子の姉妹として知られた、「きんさんぎんさん」でしょう。きんさんとぎんさんは、いつもニコニコとして、とても穏やかです。あの柔和な笑顔を見て、「自分もこんなお年寄りになりたいものだ」と思った人もいるでしょう。

100歳まで生きていた上、彼女たちの話を聞くかぎり、きんさんぎんさんもおそらくなんらかの認知症の症状は出ていたはずです。あのように幸せそうだったのは、過去の辛いことをある程度忘れ、しがらみからも解放され、穏やかな心を保ち続けることができたからではないかと思います。

きんさんぎんさんのような穏やかなお年寄りになりたいと思う方に、ぜひ心がけていただきたいのは、日頃から「笑顔」や「明るさ」を保つことです。

認知症になると、昔の性格が強く出てくることが多いものです。明るかった人はより明るく。笑顔が多かった人はより笑顔が多く。そして、怒りっぽい人はどんどん怒りっぽくなるし、ひがみっぽい人はますますひがみっぽくなってしまうのです。

認知症になってからでは、なかなかこの性質を変えることはできません。だからこそ、いまから考え方を変える必要があるのです。

幸せなお年寄りになるために、日頃から幸せな態度を心がける。細かいことは気にしない。自分がしたいことには素直になる。他人の親切には感謝する。多少何か物忘れがあって、他人に指摘されても、「なんだ、そうだったか」と笑い飛ばせる心構えこそが、実は一番大切な対策だといえるでしょう。

そんな毎日の積み重ねがあれば、認知症になっても、ずっとニコニコと幸せなお年寄りでいられるはずです。

見逃されがちな「高齢者のうつ病」

発見されづらいという点で、認知症よりも気を付けてほしいのが「うつ病」です。

高齢になると気力をなくして、何もかもやる気が起こらない……という状況に陥る方もいらっしゃいます。

こうした現象が起きても、「歳を取ったから仕方ない」と受け入れがちなのですが、調べてみると実は老人性のうつ病を患っていたというケースも少なくありません。

そもそもうつ病は自分がかかっていることに気が付きづらい病気です。それゆえ、うつ病の人が実際に医療機関へ受診するケースはわずか30％程度だと言われています。残り70％の人々は、自分の病気を単なる不調だととらえて、医療機関に頼らずに苦しい日々を送っています。

だから、少しでも異常を感じたら、早めに精神科に行ってほしいと思います。

高齢者のうつ病は、「気持ちが落ち込む」「やる気が出ない」などという一般的に知られた症状だけではなく、頭痛やめまい、吐き気、腹痛、耳鳴り、体のしびれといった身体的な症状が起こることもあります。

その結果、「どこか体調が悪いのだろうか」と内科や外科などを受診するものの、特に異常が見当たらず、加齢のせいだと見なされて放置され、症状が悪化することもあります。

うつ症状は一度悪化すると完治に時間がかかってしまうので、できるだけ早い段階で対処することが大切です。早期発見できれば、その分、完治も早くなります。

特に高齢者がうつ病になりやすいのが、自分の「老化」を必要以上に気にしすぎること。

たとえば、「最近、何かと昔のことが思い出せない」と物忘ればかり気にしていると、前頭葉の老化が加速しますし、「認知症だったらどうしよう」という不安が強くなることで、意欲がよけいに低下してしまうこともあります。そうこうするうちに、うつ病を発症してしまうのです。

なお、軽度の老人性うつ病の場合は、適切な薬を飲めば症状はすぐに回復していきます。

「なんだか最近やる気がない」
「欲しいものがない」
「よく眠れない」
「夜中に何回も目が覚める」
「妙にイライラする」
「食欲が以前に比べて減ってしまった」

などの症状が2週間以上続いている方は、うつ病かうつ病に近い状態に陥っている可能性があります。「おかしいな」と思ったら、ぜひ一度精神科を受診してみてください。

「がん」は誰にでも起こりえる

先述した通り、日本人の死因として、最も多いのは「がん」です。

がんはほかの病気に比べると致死率が高いし、治療時の抗がん剤などによる副作用が苦しいせいか、「がんになったら死んでしまう」「がんになりたくない」と考えている方が非常に多いです。

ただ、実はがんという病気は、歳を取ると誰にでも起こりえる病気です。がんは、うまく分裂できなかった細胞が次第に増えていった結果、起こります。

そして、歳を重ねるほど細胞の正確な分裂は難しくなり、できそこないの細胞が増えていきます。つまり、がんは老化現象の一種なのです。

以前、私は毎年１００人以上の高齢者の解剖結果を目の当たりにしてきましたが、85歳以上の人で体内にがんが見つからない人はひとりもいませんでした。

若い人の場合はがんになると進行が速いのですが、多くの高齢者の場合、進行がゆっくりです。だから、70代以上の方ががんの告知を受けた場合は、過度に治療せず、放置したほうが実は長生きできるのではとも思います。

まだ体力がある若い人ならば、手術や治療でがんを治すことを考えるのもひとつの方法ですが、若い頃に比べると体力が弱い高齢者の場合は、無理に手術や治療をすると体に大きな負担を与えます。

QOL（人生の質）を著しく下げながら余生を過ごすよりは、がんとともに残りの人生を悔いなく楽しく過ごすという選択もありだと思うのです。

実際、医者の間では、「高齢者にとって、がんは幸せな病気」「自分が病にかかって死ぬならがんがいい」などと言われることも多いのです。それは、自分の死期がわかるし、高齢者の場合は進行が遅いので、手術や治療をしなければ、最後の最後の段階になるまではさほど痛みや苦しみを感じずに済みます。

死期がわかっているからこそ、自分の人生を悔いのないように思いっきり謳歌できる。その点も、「がんが幸せな病気」と言われるゆえんではないでしょうか。

実験台が嫌なら大学病院に行くな

病院を選ぶとき、ひとつ覚えておいてほしいのが、大学病院は避けるということ。

多くの人は、「大学病院のほうが最先端の研究をしているので、よい治療が受けられるに違いない」「大学病院の最高峰である東京大学での医療が一番いいはずだ」と考えがちです。

でも、私自身が思うに、自分が〝実験台〟になってもいい、あるいは医学の進歩のために貢献したいという気持ちがない限りは、大学病院を選ぶ必要はありません。

アメリカをはじめとする海外の国では、大学病院は一般の病院よりも治療費が安く設定されています。その理由は、大学病院は、研修医に学びの場を提供したり、患者さんの体を病気の研究のために活用しているからです。普通の病院のように「治すこと」を専門にしていない分、大学病院に入院する場合は、まだ不慣れな研修医たちの練習台や新しい薬の実験台になることも厭《いと》わない気持ちを持つことが必要です。

2014年、北関東屈指の名の知れた医療機関である群馬大学病院で、同じ執刀医が手術した患者さんが30人も死亡した事件がマスコミで報じられました。これは、執刀医の腕が未熟だったにもかかわらず、病院側がきちんと精査せず、同じ医師に執刀させ続けたことが問題でした。

群馬大学病院の事件は表沙汰になりましたが、同じような実態がある大学病院は、決して少なくないのではと思います。

練習台になるリスクを秘めている上に、大学病院であっても普通の病院であっても治療費は変わりません。ならば、普通の病院で治療を受けたほうが、技術的にも金銭的にもメリットが大きいのではないかと私は思います。

自分が生きてきた人生を信じよう！

どんなに医学が進んだとはいえ、人間の体はいまだわからないことだらけです。年齢が上がれば上がるほど、わからないことは増えていきます。

「ずっとタバコを吸ってきたけれども、90代になっても生きている」

「医者の言うことなど聞かないでお酒ばかり飲んで生きてきたけれども、90代でも元気いっぱいだ」
「70代でがんが見つかったけれども、放置していたらそのまま90代まで生きている」

などという人も現実にはたくさんいます。

そうした人たちに、医者たちが、「タバコは体に悪いのでいまからでもやめたほうがいいですよ」「お酒を飲まないでください」「がんの手術をしたほうがいいですよ」などと言う必要はあるのでしょうか。

私が担当医だったとしたら、「よかったですね。これまでその方法で生きてこられたのですから、そのやり方を信じたほうがいいですよ」と太鼓判を押すと思います。

自分がそこまで生きてきた人生を、もっともっと信じてほしいと思います。

第４章　老後のお金を心配しすぎていませんか？

歳を重ねるほどお金はいらなくなる

自分が90代まで生きると考えたとき、多くの人が心配するのがお金と介護の問題についてでしょう。

「長生きした場合、老後資金は足りるのだろうか」
「自分が歳を取ったときにも年金が支払われるだろうか」
「老人ホームに入るお金はあるのか」
「90代まで働けず収入もないのに、どうやって生きていけばいいのか」

そんな心配を抱える方は少なくないはずです。

しかし、現代の高齢者は、お金については心配しすぎなくていいと私は思います。なぜなら、大前提として人間は年齢を重ねるほどにお金がかからなくなるからです。

生活費にしても、よほどのインフレが起きない限り、食費や光熱費が急激に増えることはないでしょう。

食欲も少なくなっていくので、高級フレンチをフルコースで食べたいという想いも減っていくし、外食や飲み会なども減っていきます。歳を取れば取るほどに体が動かなくなるので、広い家も必要なくなります。旅行にしても若いときのように「世界一周したい」などと思わなくなります。また、外見は以前よりも着飾らなくなるので、被服費なども減っていきます。

家を買っていても、その頃にはローンも終わっているはずですし、子育ても終わっている人が大半でしょうから教育費もかかりません。

70代、80代になると、年金暮らしなのに貯金が減らないという現象を肌身で感じる人も多くなるのではないでしょうか。ついでに言うと、パートナーが介護状態になったり、病気になったりしたら大金が必要と思う方がいるかもしれませんが、公的介護の制度や保険診療のおかげで贅沢《ぜいたく》な有料老人ホームや差額個室を求めない限り、年金の範囲でまかなえることが多いのです。

死後の世界へお金は持って行けません。だから、必要な分だけあれば十分です。いまするべきことは、「こうなったらどうしよう」という不安を抱くのではなく、「実際にどのくらいのお金が老後になったら必要なのか」をきちんと考えておくことです。

不安はその実態がわからないからこそ、余計に高まっていくものです。自分の老後にどのくらいのお金がかかるのかがわかり、足りない場合はどうやってカバーするべきかがわかっていれば、不安は減ります。

心の底にあるモヤモヤをそのままにせず、「その不安の正体はどんなものなのか」「どうしたらその不安は解消されるのか」を、ぜひ一度整理してみてください。

元気なうちにお金を使いまくろう！

幸せな90代になるために、ぜひ実践していただきたいこと。

それは、体の動くうちに、自分の意欲の赴くままにお金を使うことです。

90代になると、やはり70代、80代に比べて、体も動かなくなるし、多少は意欲も落ちていきます。

でも、90代になって体が動かなくなってしまったとしても、お金をたくさん使って経験を積んできた人にはたくさんの思い出が残ります。

体が動かなくなってベッドの上に横たわる寝たきりの日々になったとしても、「あれは楽しかったな」「こんなことができてよかったな」と満足感に浸りながら、過去の思い出を楽しむことができます。

「あれもやりたかった」「これもやりたかった」と布団の上で後悔する日々よりも、「あれもできてよかったな」と思う人生のほうが、ずっと何倍も充実しているでしょう。また、過去にたくさんの経験がある人ほど、当時のことを思い出しながら、「あれはこういうことだったのかもしれない」と新しい意味を発見することもあるでしょう。

寝たきりであったとしても、90代でも100歳でも幸せそうに見える高齢者はいます。そんなとき、私はいつも、「きっとこの人はいい人生を過ごしてきて、その思い出を楽しんでいるのだな」と感じます。

だからこそ、幸せな高齢者になるため、体と心が元気なうちに悔いなきようにどんどんお金を使ってほしいのです。食べたいものであれ、行きたいところであれ、やってみたいことがあるのであれば、とにかくチャレンジしてほしい。「お金がない」と言う人は、家を売ってもいいでしょう。いまは同居する家族も減ってきているので、広い家を持て余しているのなら、売ることも視野に入れていいかもしれません。家を売って、老人ホームに入居するとしても、いくらかの余剰資金が生まれるはずです。あるいは、今の家に住みながらお金を借りられる「リバースモーゲージ」という制度もあります。

余剰資金があるのなら、思い切って夫婦で世界一周に行ってもいいでしょう。また、一生に一度の買い物として、憧れのポルシェを買ってもいいと思います。

昔やってみたかったことを、ひとつずつチャレンジしてみてください。

行ってみたかった場所に行ったり、気になっていたレストランに行ってみたり、大好きなアーティストのコンサートに行ってみたり。楽器や声楽、ダンスなどを始めてもいいでしょう。

家計が破綻するほど散財するのはもちろんよくありませんが、自分の自由が利く範囲であれば無理に節制するのではなく、「欲しい」「やりたい」と思ったことには、ぜひお金をつぎ込んでほしいと思います。

また、お金を使うことは、未知の体験へとつながる一歩でもあります。お金を使うことで、いままで食べたことのないものを食べてみたり、使ったことのないサービスを利用してみたり、行ったことのない場所へ行ってみたり。

新しい刺激を受けることで、気持ちもワクワクするし、意識も若返るはずです。自分が思わず楽しくなるような夢を思い浮かべて、それをひとつずつ実現してみてください。

「終活」をおすすめしない理由とは？

昨今、「終活」という言葉が聞かれて久しいです。

ただ、私自身は、終活はあまりおすすめしません。

本書のテーマのひとつが、「歳を取れば取るほどに、やりたいことをやって楽しむほうが、体も心も元気な上、心が満たされた幸福な高齢者でいられる」というものです。

つまり、楽しいことをやるのが、老後にとっては一番大切なこと。世に言われる終活は、死ぬまでの費用を指折り数えて、エンディングノートをつけて、葬式の準備をして、死ぬ日が訪れるのを刻々と待ち続けるようなもの……。

そんな日々は、どう考えても楽しくはありません。意欲も落ちるし、気持ちもどんどん老け込んでしまうでしょう。

だからこそ、私が終活としておすすめするのは、思いっきりお金を使って、自分の人生を楽しむというものです。

どんなに準備しても、死ぬ時期は自分にはわかりません。誰であっても、ある日突然、脳梗塞になって動けなくなったり、骨折して歩けなくなったりする可能性はあります。重度の認知症になった場合は、もうお金を使うことができません。だから、楽しめるうちに楽しんでおかないと損だと思います。

頭も体も動いて意欲があるうちに旅行に行ったり、おいしいものを食べたりしておくほうが、ずっと価値のある終活になると思います。

どんなに「老後資金が心配だ」といっても、毎日を切り詰めて生きるのは楽しくありません。半年に1回、憧れのアーティストのコンサートに行って、2、3万円貯金残高が減ったとしても、実生活にはさほど影響はないということに気付けば、もっと毎日を気楽に生きられるのではないでしょうか。

突然ですが、私が人生で一番やりたいこと。それは映画をつくることです。現在でも日本映画監督協会に所属して、不定期に作品を発表しています。映画をつくるにはお金がかかるので、持っているお金はできる限り映画につぎ込もうと決めています。この強いモチベーションがある限りは、どんなことでも頑張れると思っています。

監督協会の会合に行くと、メンバーの6割近くが85歳以上で、なかには90代の方もいらっしゃいます。80代、90代になっても、私財を投じて、「まだまだ作品を撮影したい」と思っている方がたくさんいるわけですが、総じてみなさん元気で、意欲にあふれています。

自分の気持ちを大切にして、やりたいことにお金を使う。そんな生き方が、長寿の秘訣だと私は思います。

子どもに財産を残してもケンカになるだけ

そうは言っても、かわいい子どもに財産を残したいと思う方もいるでしょう。ただ、子どもがすでに自立しているのであれば、無理に財産を残す必要はありません。なぜなら、子どもが多い家の場合は、遺産があると争いの種になるからです。

事実、親の死後、子どもたちがケンカする理由の8割はお金がらみだと言われています。仲のよかった兄弟姉妹は仲が悪くなるし、親が生前に分割方法を決めていても、なんらかの不満が残ってしまいます。仲のよかった兄弟姉妹が、遺産をめぐって仲が悪くなったり、遺恨が生まれたりしてしまうのは、残念なことです。

「子どものため」を思ったとしても、それが幸せにつながらないのですから。

自分で稼いだお金なのだから、本来は誰からも口出しされるべきものではありません。今後の子どもたちの争いを防ぐためにも、貯金はできるだけ使ってしまうのもひとつの手です。

お金を自分の好きなように使うことで、意欲も低下しないし、機嫌もよくなる。それに伴い、体の調子もいいはずです。

自分の親や祖父母がニコニコと明るく楽しそうにしてくれたほうが、家族もうれしいもの。お金を貯め込んで不機嫌でいるよりも、お金を使って上機嫌でいてくれるほうが、家族に対する思いやりになるかもしれません。

家族に幸せな思い出を残すためにも、ご自身の残された人生を少しくらいわがままに生きてみてもいいのではないかと思います。

「自分は役に立たない」と思わなくていい

高齢者の方々に「やりたかったことをやってください」と言うと、「自分は社会の役に立っていないのに、消費ばかりしていいのだろうか」「他人に迷惑をかけてしまうのではないか心配だ」などとおっしゃる方もいます。

実はこの「社会の役に立っていないから、自分は何かをしてはいけないのではないか」という考えは、多くの方が抱えている悩みです。

自分が若い世代と同様に働くことはできないので、引け目を感じたり、体の動きなどが以前よりも衰えるため、「他人に迷惑をかけたくない」などと考えたりする人も多いようです。

ただ、私は「別に誰かの役に立つ必要はない」と思っています。

日本人の行動規範には「他人に迷惑をかけてはいけない」「働かざるもの食うべからず」といった精神が根付いていますが、これは生産性を意識しすぎたがゆえの考え方であって、頑張ってきた高齢者を精神的に追い込む悪い風潮を生みだしています。

いま、世の中全体の流れとして、生産性というものを大切にしすぎているように私は思います。一切の無駄を許さず、生産的で、きちんと理にかなった生き方をするべきだという考え方があまりにも強すぎる。

生産しない生き方でもいいのです。すべての人に相対的な価値をつけて、勝手に「役に立たない」とジャッジする。これはあってはならないことです。

また、いまの高齢者たちは、家族や会社のために身を粉にして働いてきた人ばかりです。それまで頑張ってきたのだから、人生で家族や社会のためではなく、自分のために時間やお金を使う時期があってもいいのではないでしょうか。

何かを生み出していなかったとしても、「自分は役に立たない」などと落ち込むのはやめにしましょう。あなたの人生はあなたのものです。生産性や人の役に立つことだけにお金や時間を使うのではなく、自分自身を幸せにすることを考えて、ぜひお金を使ってください。

あとになってから、「あれがやりたかった」「これがやりたかった」と後悔してももう遅いのですから。

消費する高齢者こそ、日本経済を救う

働いていない人がお金を使うことを「浪費」とみなす人がいるかもしれませんが、資本主義社会においてお金を使うことは、立派な社会参加のひとつです。誰もお金を使わなければ経済は回りません。

日本はこの30年間、ほとんど成長してきませんでした。その理由は、決して生産性が足りないからというわけではありません。むしろ、消費が足りないのです。消費が足りないから経済は回らないし、若い人たちの給与も上がりません。

そういう点で言えば、生産しないのに消費だけする高齢者は、日本にとって大変ありがたい存在です。本来ならば、経済学者の人々は高齢者の存在をもっと大切にするべきで、積極的に高齢者がお金を使いたくなるようなしくみやサービスをもっと整えてほしいと私は思います。

むしろ、消費者として、高齢者はもっと発言権を持ってもいいはずです。世界に先駆けて最も高齢化が進んでいる先進国である日本は、今後、世界の高齢者に関する産業をリードする存在になれるはずです。

高齢者が積極的に消費し、現状のサービスやモノに意見を提唱することで、より高齢者にとって使いやすい商品やサービスが生まれるかもしれません。なかには、ご自身の声から、世界中の高齢者たちが利用するようなサービスや商品が生まれる可能性もあるでしょう。

お金を積極的に使って、気になるところがあれば声を上げる。または、ご自身の欲しいサービスや商品に対して、積極的にアイデアを出してもいいかもしれません。

介護に必要な金額とは？

ここまで、「お金を使ったほうがいい理由」についていろいろご紹介してきましたが、そうはいってても老後資金としてどのくらいのお金を残したほうがいいのか、気になる人もいるでしょう。

そこで、「介護にはどの程度のお金を用意しておけばいいのか」を少しだけ解説していきたいと思います。

まず、65歳以上で要介護認定が付いた人ならば、誰もが2000年にスタートした介護保険制度を使うことができます。

上の世代であればあるほど、「国の制度をあまり使ってはいけないのではないか」「行政に頼るのはみっともないことなのではないか」と思いがちですが、介護保険はお上からお慈悲で与えられるものではなく、ご自身でお金を払っている公然たる保険サービスです。堂々と利用していいのです。

40歳以上の人なら原則的には介護保険料を支払っているので、十分に自分たちで財源を負担しているのです。また、介護サービスは、窓口こそ役所が担当していますが、運営自体は民間団体が行っています。その運営費も介護保険料から支払われているのですから、気にせずに利用してください。

介護保険制度を使った場合、介護サービスの費用の自己負担は、その人の所得状況などに合わせて1～3割。支給される金額は要介護度によって上限が変わります。

介護費用がどの程度発生するかは、個々人の状況によって変わってくるかと思いますが、「公益財団法人生命保険文化センターが行った「2021(令和3)年度生命保険に関する全国実態調査」によれば、住宅の改造費や介護用のベッドの購入などの一時的費用が平均74万円、月々に発生する介護費用は平均８万３０００円だと発表しています。

こちらの数字はひとつの目安になるのではないでしょうか。

介護保険は申請が必要

介護保険制度を使う上で、ぜひ覚えておいていただきたいことがあります。それは「介護保険サービスは、利用する側が申し出ないと利用できない」ということ。

介護保険は、個人が行使できる「権利」です。権利ではありますが、ご自身で主張しないと得られません。足が使えなくなっても、寝たきりになって動けなくなっても、待っているだけでは行政は手を差し伸べてくれません。

「調子が悪くなったら、自動的に行政が手を差し伸べてくれるのだろう」と思っている方が多いのですが、自分から役所に対して、「こうしてほしい」と連絡しない限り、サポートを受けることができません。

介護サービスを利用したいという人は、まず自分か家族などが役所に申請して要介護認定を受けなければなりません。もし自分が動けない場合、日本全国の自治体にある地域包括支援センターに電話しましょう。すると、センターの人が訪問してくれて、必要なサービスへとつないでくれます。

まだご自身には介護サービスは必要ないけれども、いずれどんな選択肢があるのか知りたいと考える人は、同じく地域包括支援センターなどで情報を集めることができます。いざ、自分が病気やケガで動けなくなってから決めるよりも、「もし寝たきりになってしまったら、こういうサービスが受けたい」「もしケガをした場合は、こういう形でヘルパーさんに入ってほしい」などと、ある程度目星をつけておくことも大切です。

ご自身で事前にプランを考えていない場合は、福祉のプロであるケアマネジャーさんに全部お任せすることになってしまいます。もし、自分で意思判断できない状況で、意に沿わないサービスを押し付けられた場合、強く後悔が残るはずです。そんな事態を避けるためにも、ぜひある程度自分が受けたいサービスや行きたい施設は想定しておくべきでしょう。

繰り返しになりますが、「知らない」ということは不安を生み出します。

自分が不安に思っている対象に対して、しっかり知識を蓄えておけば、万が一その知識を使わなかったとしても、不安は減り、快活に人生を生きることができます。

元気なうちに、どんどん情報を集めて、不安を消していきましょう。

「老人ホームに入れないのでは」と心配する必要はない

続いて、多くの方が心配するのが、老人ホームなどの施設にかかる費用についてですが、日本在住の方に関しては、「老人ホームに入ってもその費用を負担できないかも」と心配する必要はありません。

日本の高齢者の方々は、お金について漠然とした不安は抱いているけれども、振り返ってみれば持ち家や預金を持っている方が多いように思います。

日本の金融資産約2000兆円のおよそ6割にあたる約1200兆円を高齢者が保有しているというデータにもあるように、高齢者はご自身が思っている以上にお金持ちの方が多いです。

たとえば、預金が少なかったとしても、持ち家を処分すれば、年金と家を売ったお金で十分に老人ホームに入居することはできるでしょう。

もし民間運営の老人ホームは高くて入れなくても、特別養護老人ホームには入居することができます。特別養護老人ホームは自治体の助成金や介護保険を利用することで、民間の老人ホームよりも安い料金で運営されています。それだけに、希望者は後を絶たず順番待ちになるケースも多いですが、入居さえできれば、個室でも必要な料金は食費込みで毎月20万円前後。厚生年金に入っている人であれば、ほぼ問題なく払える金額だと言えるでしょう。

国民年金加入者の方は「自分たちはもらえる年金が少ないから、施設には入れないんじゃないか」と思っている方が多いのですが、日本にいる限りは、国が最低限の文化的な生活は保障してくれます。

もし年金で特別養護老人ホームへの入居費用に足りない場合は、生活保護を受けて補填《ほてん》することもできます。

近年、生活保護の受給希望者が多いため、なかなか申請が受け付けられないとのニュースもありますが、高齢者の場合はほぼ確実に生活保護は受けられます。お金が足りなくて老人ホームに入れないということはありません。問題なく入居できます。

収入があっても生活保護は受給できる

続いて、生活保護費に関する誤解についていても、ご紹介していきます。

生活保護は、収入がゼロでないと受けられないと考えている方が多いのですが、そういうわけではありません。たとえば、障がい者の作業所などで月に3万円ほど給与を稼いでいた場合、生活保護の上限金額が13万円だとしたら、残りの10万円分を生活保護費として受給できます。

これと同様に、国民年金でもらえる年金が少ない場合も、生活保護を受けることができます。国民年金で6万円ほどもらっているなら、残りの7万円分を生活保護費で受給できます。

「年金が少なくて生活に困窮している」という人であれば、万が一のセーフティネットとして生活保護の受給を考えてほしいと思います。

生活保護を利用すると、医療費や介護保険の自己負担分も無料、さらに自治体によっては公共交通機関の無料パスなど、生活費の受給以外にも多数の福祉サービスを受けられるというメリットがあります。

若い人にとっては、月額の上限13万円という金額は残酷かもしれません。しかし、年配の方であれば、アパートを借りて光熱費を払っても、8万円くらいは手元に残ります。そのお金があれば、贅沢はできなくても、十分幸せな生活は送れるのではないでしょうか。

月に1回くらいは映画だって観に行けるでしょうし、飲み屋にだって行けます。

「持ち家があると、生活保護は受けられないのではないか」と心配される方も多いのですが、持ち家があっても一定以上の広さでなければ問題ありません。家があると家賃補助は減らされてしまうかもしれませんが、持ち家に住みながらであっても生活保護は受けられます。

生活保護は恥ずかしくない！

私が生活保護を提案すると、「生活保護を受けるのは恥ずかしい」という感情を抱く人が多いのですが、その考えはぜひ捨ててほしいと思います。

生活保護費は、みなさんがこれまで払ってきた税金で賄《まかな》われています。ならば、必要なときに使うのは当然の権利です。

たとえば、欧米の人々は日本よりも税金に対してシビアで、「払った以上はきっちり元を取る」という感覚で税金を払っています。政府側もそれがわかっているので、教育費や医療費を無料にしたり、生活保護を手厚くしたりと対策を講じています。日本よりも消費税が高い国の人々が、高い税金であってもしっかり支払っているのは、「税金を払った分、国から何らかのリターンが得られる」とわかっているからです。

一方で、日本の税金は、「お上に納める年貢」に近い印象があります。どんな人でもなんらかの形で税を払ってきているので、相応のリターンを求めるのは当然のことです。けれども、生活保護費をはじめ、なんらかのリターンを受けようとすると、その権利を放棄させようとする同調圧力のようなものがあります。

まるで封建時代そのものではないかとすら思います。

そもそも日本人は自分たちの納めた税金がどうなっているのかという意識が希薄です。海外ではたくさんの使途不明金が見つかった場合、政治家はしっかりと説明責任を求められますが、日本で何兆円もの使途不明金が出ても、きちんと追及され説明されることはあまりありません。

政治家たちが勝手にお金を使う一方で、私たちが払った税金の元を取るのは当然の権利です。万が一のときは、「申し訳ない」「みっともない」などとは思わず、正々堂々と生活保護を利用してください。

理想的だった祖母の葬式

高齢になると、自分の死後に執り行われる葬式や自分の骨が埋葬されるお墓のことを考えて、お金を用意する方々がいます。

ただ、ここでみなさんにお伝えしたいのが、「年齢を重ねたら、これまで以上に人目を気にしなくていい」ということ。生きているときに人目を気にしなくていいのだから、自分が亡くなった後のことなんて、もっと気にしなくていいのです。

「いやいや、体裁が悪くならないように、お墓は立派なものを用意しなくちゃ」
「死後に遺族が困らないように葬式のお金も取っておかなくちゃ」
などと考えるかもしれません。

しかし、葬式やお墓にお金をかけるよりは、死後、より多くの人に、「あの人はいい人だったなぁ」と思い出してもらえるような行動にお金を使ったほうがいいのではないかと私は思っています。

いくらお金をかけて立派なお葬式をしたとしても、生前にほとんど知り合いがおらず慕われていなければ、人は来てくれません。何百人も入るような大きなお寺を借りたのに、参列者が30人程度しかいないのはなんとも悲しい話です。

資本主義の世の中ですから、お金を使った人は、使った分だけ自分自身も幸せになれるし、人から感謝もされます。いくらお金を持っていたとしても、ケチな人には誰も寄ってきません。一方、慕われていた人であれば、どんなに寂しい式場でやったとしても、たくさんの人が来てくれるはずです。

それならば、多少、お葬式は簡素なものになっても、いろいろなところでお金を使って人との交流を増やし、「あの人は豪快でいい人だったね」と言われるほうが、よほど幸せなお葬式だといえるでしょう。

数あるお葬式の中でも、強く記憶に残っているのが、大学時代の頃に経験した祖母のお葬式です。

私の祖母は戦争で家が焼けてしまい、納屋のような家に住む貧乏な暮らしをしていました。近所には同じように貧乏な人が多かったのですが、祖母は相手の経済状況にかかわらず、誰にでも声をかけて、分け隔てなく接するおもしろい女性でした。

そんな祖母が亡くなった際、彼女が住んでいた納屋のような家でお葬式をしたのですが、びっくりするほど多くの参列者がやってきました。家の前には線香をあげようと５００メートルくらい人が並んでいたように思います。

その様子を見たとき、「ああ、決してお金はかかっていないけれども、よいお葬式だな」と子ども心に思ったものです。

参列者が多いお葬式は、決して赤字にはなりません。お葬式に人が来た場合は香典をもらうことができます。つまり、お葬式は参列者が多いほど黒字になります。人が集まらないお葬式だから赤字になるのです。

「子どもたちや親族に負担をかけないよう、葬式費用は残しておかなくちゃ」と葬式に備えて貯金しておくのは、自分には人望がないと言っているようなものです。

「あまり人が来ないかもしれない」と思うのならば、いっそのこと葬式をやらなくてもいいのではないかとすら私は思います。

本当の終活とは？

いまの時代、お墓にしても、家族代々で管理するお墓は減っており、ほとんどが無縁仏になっています。子どもの数が減っている以上、もしかしたら自分のお墓を造っても、誰にも来てもらえない……という事態も十分に起こりえます。

ただ、お墓にしても、人望があれば家族ではなく、ほかの人が供養してくれることもあります。極端な例かもしれませんが、坂本龍馬《さかもとりょうま》の墓が京都霊山護國《きょうとりょうぜんごこく》神社《じんじゃ》内にありますが、いまだにお花が手向けられています。

つまり、その人が本当に素敵な人であれば、１００年経っても、誰かがお墓に参拝しにきてくれるのです。

反対に、どんなに立派なお墓を建てたとしても、誰も供養してくれないことだって十分にありえます。

「死後もみんなに墓参りに来てほしい」「自分の名前を覚えておいてほしい」と思うのであれば、一番の方法は寄付をすることです。持てる私財には限りがあると思いますが、どこかの奨学金や施設などに寄付することで、誰かの役にも立てるし、後世に感謝してくれる人が現れます。

個人的には終活をするのであれば、人生が尽きる前にできる限りよいことをたくさんして、自分に感謝してくれる人をたくさんつくる。それこそが、本当の終活ではないでしょうか。

可能な限り、働くという選択肢もある

老後資金がどうしても心配だというのならば、働くという選択肢もあります。いま、お仕事をされている方は、もしその職場が受け入れてくれるのであれば、可能な限り働き続けてはどうかと思います。

長く働き続けることは、金銭的な負担を減らすばかりでなく、体にもよいです。

少し古い調査ですが、厚労省は国勢調査などを元にしてつくっている都道府県別の平均寿命の調査で、2010年と2015年の2回にわたって長野県が日本一の長寿県になり話題になったことがありました（2020年に発表された調査

では、長野県の男性の平均寿命は全国2位、女性は全国4位に転落していますが、それでも十分長寿の県だと言えるでしょう)。

なぜ長野県が長寿なのか。その大きな理由は、就業率だと考えられています。全国の65歳以上の高齢者の就業率は、平均26・5％ですが、長野県はその数値を大きく上回る31・6％。これは都道府県別で最も高い数値になります。

働いている間は、足腰も動かすし、頭も使いますし、人と会話もするので、気持ちもしっかりしています。自動車も自分でできる範囲で運転します。人と会う機会が増えるので見た目も気にするため、気持ちも華やぎます。

会社を退職して、年金暮らしができるとしても、90代まで元気でいたいと思うのならば、可能な範囲で働いているほうが健康でいられるのではないかと私は思います。

第5章

〝ごほうび〟の時間を最大限満喫する生活習慣

高齢者こそ栄養価が高いものを食べるべき

歳を重ねたとき、まず気を付けてほしいのが「食」にまつわる生活習慣についてです。「高齢者になったら粗食がいい」と考えるのは、大きな誤解です。

野菜や玄米食などを使った和食を中心とした食生活を送ることは決して悪いことではありませんが、それよりも肉や魚、卵、レバー、うなぎなどの「タンパク質」が欠かせません。

なぜなら、年齢を重ねると、同じ栄養をとっても若い人よりも消化吸収の効率が悪くなります。食べている量は同じなのに、若い頃より摂取できる栄養は減ってしまうし、胃の消化機能も衰えるので量を食べることができません。するとどうなるかというと、十分なカロリーや栄養素がとれずに栄養不足に陥ります。

この状態を防ぐには、同じ量を食べたとしても、より栄養価が高いものを食べるしかありません。なかでも、特に不足するのが先に挙げたタンパク質です。豆腐や納豆、大豆ミートなどの大豆タンパクが昨今は人気がありますが、少量で良質なタンパク質を取るならば、肉を食べるほうが効率はいいです。

タンパク質は筋肉や臓器、骨格などをつくる材料になります。本書でも何度かお伝えしてきましたが、高齢になると筋肉がどんどん落ちていきます。若い世代のように鍛えても、簡単には元に戻りません。そんなときに筋肉をつくるもとであるタンパク質の摂取量が減ると、当然、体の衰えはより一層進みます。足腰の健康を維持したいなら、その原料となるタンパク質の摂取は欠かせないのです。

タンパク質の摂取は精神の安定にも役立ちます。

タンパク質のもととなるアミノ酸は、「やる気」を司るドーパミンや、「癒やし」を生み出すセロトニンといった神経伝達物質の原料となります。これらの神経伝達物質が減ると、意欲や集中力が減って注意散漫になりがちです。

「元気がないときは肉が食べたくなる」という人も少なくないと思いますが、これは非常に理にかなった欲求なのです。

コレステロール値を上げるべき医学的な理由

肉を食べてほしいというと、「コレステロールが気になる」という方が多くいらっしゃいます。コレステロールに対して多くの人は「悪玉」「健康にはよくないものだ」と考えがちですが、実はコレステロールが本当に体に悪いものかはよくわかっていません。

以前、東京都老人総合研究所が、長寿者の多い東京都小金井市の70歳の高齢者を対象に行った「小金井研究」では、10年後の死亡率が一番高かったのはコレステロール値が169未満のグループでした。逆に最も長生きしたのは、男性は219まで、女性は220~249の正常値よりもコレステロール値が高めのグループだったのです。

そのほか、ハワイの研究では、コレステロールが高い人は心筋梗塞などの虚血性心疾患死が増える一方で、がんの死亡率が下がるという結果もあります。肉食文化が根付いている欧米諸国では、がんよりも虚血性心疾患で亡くなる人が多いのは、こうした理由なのかもしれません。

現在、日本では医療技術の進化もあり、心筋梗塞で亡くなる方は減っています。そう考えると、日本人は肉食をしてコレステロール値を多少高めておいたほうが、がん予防になって体にいいと言えるかもしれません。

また、タンパク質に含まれるコレステロールは、脳にセロトニンを運ぶ役割を担っているとされ、血中にある程度のコレステロールが保たれていないと、鬱々《うつうつ》とした気持ちになりがちです。実際、私の患者さんを見ても、コレステロール値が高い人のほうがうつ病が治りやすく、逆に低い人は回復が遅い傾向にあります。

こうした理由から、高齢者になってからは、コレステロールを積極的にとってほしいと思います。肉やうなぎなどのほかに、手軽にコレステロールがとれる食べ物として知られるのが、コンビニなどでも手に入るシュークリームです。甘いものを食べたいときは、積極的にシュークリームを選ぶことをおすすめします。

「自炊しなければいけない」に縛られるな

高齢の患者さんたちをみると、「こうしなきゃいけない」という固定観念に縛られてしまい、その制約によって健康を害している人は少なくありません。

特に女性に多いのは、「食事は自炊しなければならない」という固定観念です。

食事を作るのは面倒くさいけれども、お惣菜や外食で済ますのは罪悪感があるから、食べる量が大きく減ってしまったという方もいます。

食事を作るのが面倒ならば、外食すればいいのです。また、外食やお惣菜などで済ますのが嫌ならば、家事サービスを頼んで料理をまとめて作ってもらってもいいでしょう。最近は、栄養バランスを考えた食事の宅配サービスもありますし、好きなレストランから料理を取り寄せる「ウーバーイーツ」のようなサービスも徐々に普及し始めています。

「食事は自分で作らなければならない」という概念に縛られる必要はありませんし、自分の力だけで完璧を目指さなくてもいいのです。

それより大切なのは、しっかりと食べること。さらに言うと、外食や宅配のほうが使う食材も豊富になり高齢者にはよいのです。

「昨日は自炊したから、今日は外食しよう」「今週は料理をしたくないから、宅配の弁当を頼もう」などと、力を抜ける部分は抜いていきましょう。

「脳トレ」よりもアウトプット！

食生活に続いて、ぜひ心がけてほしいのがアウトプットの習慣です。

一時期、脳を活性化させる効果がある「脳トレ」がブームになりました。しかし、脳トレの効果は、とても限定的です。

たとえば、数独やナンプレなどを行うと、問題を解く能力自体は上がってきます。ただ、ほかの認知能力が鍛えられるのかというと疑問は多々あります。

実際、ナンプレをやり続けた人がそれ以外の認知機能のテストを行っても、ナンプレには関連性がない機能の点数は上がらないことがわかっています。

何度も同じような問題を解けば、その問題を解くことに脳が慣れ、機能が最適化していきます。しかし、それはほかに波及しません。これは腕の筋肉を鍛えても、腹筋や足の筋肉が鍛えられないのと同じことで、特定の脳の部位ばかり鍛えてもほかの認知機能までは上がらないのです。

では、脳を活性化させるにはどうしたらいいのでしょうか。

そこで大切なのが、アウトプットをする習慣です。脳を鍛えるには、インプットよりもアウトプットのほうが効果があります。

難しい本をひたすら読むよりも、本を読んで感想を書くほうが脳は鍛えられるのです。本を読んだり、音楽を聴いたり、映画を観たり。何かしらのインプットを行ったら、ぜひ自分の頭でアウトプットする習慣をつけてほしいと思います。

『思考の整理学』という大ベストセラー本を書いたお茶の水女子大学の名誉教授

だった外山滋比古《とやましげひこ》さんは、96歳でお亡くなりになるそのときまで非常に高い思考力を保っていたと言われています。その外山さんが生前に意識して行っていたのが、「刺激的な会話」だったそうです。会話は、まさにアウトプットの最たるもの。ただ普通に会話するのではなく、知的な好奇心を与えてくれるような人を集めた勉強会も開催していたのだとか。

意識的にアウトプットの機会を増やすことで、脳を鍛えていらしたからこそ、外山さんは亡くなるまで論理的な思考を保ち続けていたのだと私は思います。

いくつになっても学ぶことは大切です。けれども、その学びをそのままにしてしまうのは、全くもってもったいない。知ったことや感じたことがあったら、そのままにしないこと。誰かに話をしてみたり、文章にしてみたり。ただ、思ったことを口に出すだけでもいいのです。それを習慣づけるだけで、脳の機能は活性化されます。

日の光でセロトニンを増やす

繰り返し、「高齢者になったら、ぜひやりたいことを存分にやってほしい」とお伝えしてきました。

なかには外を出歩くのがあまり好きではなく、家の中で料理をしたり、植物を育てたりと、ひっそり自分の好きなことをするのがよいという方もいるでしょう。

そんな方でも、ぜひ1日1回、昼間に外出をしてください。

その理由は、すでに本書で紹介した幸せな気持ちを司る「セロトニン」という神経伝達物質にあります。セロトニンが少なくなると、不安やストレスを感じやすくなる傾向があります。ちょっとしたことが億劫《おっくう》になり、あらゆることへの意欲がなくなってしまいます。すると、脳の機能も低下して、人によっては老け込んだり、鬱っぽくなったりすることもあるでしょう。何かと気持ちが沈みがちな高齢者世代にとって、セロトニンは欠かせない存在なのです。

セロトニンは、日の光を浴びると大量に分泌されることでも知られています。

1日数十分でも外に出て太陽の光を浴びることで、セロトニンが生成され、自然と幸せな気持ちになれるのです。歩くのが難しければ、庭やベランダで日光浴をするだけでもいいでしょう。負担にならない範囲で結構ですので、ぜひ太陽を浴びて幸せな気持ちを増やしてください。

以前、日光を浴びることがもたらす幸福感についてのエピソードを、高齢者施設の方から聞いたことがあります。

その施設には窓の大きな食事室があり、入居者の方々みんなで見られるようにと大きなテレビが設置されていたのだとか。そこで、施設のスタッフさんが、

「テレビが日光に反射して見づらくならないように」と気を利かせてカーテンを閉めたところ、利用者さんから、「まぶしくてもいいから外の光が見たい」と言われたそうです。

カーテンを開けてみたところ、利用者の方々は、「太陽の光が浴びられて気持ちがいい」ととても喜んだとのことです。

これまではテレビばかり見ていた人たちも、気持ちよくおしゃべりをするようになり、気付けば食事室は以前よりもずっと活気のある雰囲気になったとか。

自由に外出できなくなったとしても、太陽の光を意識的に浴びるようにするだけで、気持ちが生き生きとするはずです。

カラオケで幸せな老後をつくる

脳を元気にするためには、刺激的なアウトプットを心がけることが大切です。

では、刺激的なアウトプットとは何か。患者さんなどを見ていると、会話を楽しむ人は、認知症の進行が遅いように思います。

そのほか、歌うことも効果があるようで、声楽や詩吟を楽しむ人は、認知症が進みづらい傾向にあります。

こうした事例を見てみると、声を出すのは非常に脳に効果的なのです。なかでも、手軽に楽しめる認知症の予防策はカラオケです。

ここ数年は、新型コロナウイルス感染症のまん延によって、カラオケを自粛する風潮がありましたが、しっかりと声を出して歌うことを楽しむのは、高齢者の認知症予防に大きな効果があると私は思います。

カラオケは低コストで、かつ誰でも簡単に始めることができる趣味です。歌うとストレスも発散されるので、心にもよい影響を与えます。

私自身、かつては人前で歌うことに苦手意識がありましたが、あるとき昼寝がてらひとりで訪れたカラオケボックスで一度歌ってみたら、「歌が下手で恥ずかしい」という気持ちがなくなり、歌うことを楽しめるようになりました。

以前はカラオケに誘われると断っていたのですが、最近はほかの人とも一緒にカラオケを楽しめるようになりました。

人前で歌うのが恥ずかしいという人は、ひとりでカラオケボックスに行ってみてはどうでしょうか。ひとりで歌うだけでも、脳には大きな刺激になります。

ぜひ認知症予防として、カラオケを楽しむ機会をつくってみてください。

メモの習慣で認知症を予防

誰しも、高齢になれば不安になるのが物忘れです。物忘れが多いと、自分自身の認知機能に不安が出てきて、ついにはうつ病などを併発しかねないというのは、先にもご紹介した通りです。

こうした事態を避けるためにも、日頃から導入してほしいのがメモを取る習慣です。やや物忘れが多くなってしまっても、メモを取る習慣があれば忘れていたことを思い出せるので、ぐっと不安は減ります。

私自身、何か予定が入ったときや、忘れてはならない事柄があるときはすぐに手帳にメモします。「記憶力には自信がある」という方であっても、メモを取る習慣を持つのは決して悪いことではありません。

記憶力がよい方であっても、ちょっとした物忘れはよく起こるもの。日常生活の些細な出来事が思い出せないと、ついイライラしてしまいます。自分が覚えておきたいことをメモに取るという行為は、新しいことを覚える脳の機能を強化する役割も果たします。

若い異性との接点をつくろう

意欲を保ち続ける上で大切なのが、男性ホルモンの存在です。

男性ホルモンは、男性のみならず、女性にも分泌されるホルモンです。男性ホルモンが多い人ほど、様々なことへの意欲が高まる傾向にあります。男性の場合は年齢とともに男性ホルモンは低下していきますが、女性の場合は、閉経後に男性ホルモンが増えていきます。

女性のほうが高齢になった際、アクティブに旅行に行ったり、イベントに出かけたりするのは、男性ホルモンの働きがあるからだと考えられています。

男性ホルモンを高めるのに、最も手っ取り早いのが性的な関心です。

日本は性的な関心を年配の人があらわにすると「下品だ」「年甲斐もなく」「もう年なのに恥ずかしい」などと言われがちですが、決してそう思う必要はありません。

たとえば、男性ならば、スナックやキャバクラなど若い女性に接客してもらえるお店に行って会話をするだけでも、男性ホルモンは増えます。

女性の場合も、ホストクラブに行ったり、アイドルやアーティストなど芸能人の追っかけをしたり。あるいは、イケメンの店員さんがいるスポーツクラブやお店などに行くだけでも、男性ホルモンが増え意欲が高まりますし、女性ホルモンも増えて肌つやがよくなります。

セクシーなサイトや映像などを見るのもいいでしょう。

性的な気持ちを持つことは、決して悪いことではありません。意欲という面では、性的な関心が強い人ほど健康寿命が延びるようにも思います。

「若づくり」はできるだけしたほうがいい

私がこれまでお会いした90代の中で、特に「すごい！」と思った方。

それは、世界最高齢でエベレスト登頂を達成した登山家で知られる三浦雄一郎《みうらゆういちろう》さんの主治医であり、男性医学の父と呼ばれる故・熊本悦明《くまもとよしあき》先生です。この方は92歳で亡くなるまで、ずっと若々しいままでした。

その若さの秘訣のひとつが、男性ホルモン注射です。男性ホルモンを打つと、意欲が高まり、心身共に若々しさが保たれます。

おそらく熊本先生は、ご自身が亡くなるまで男性ホルモンを定期的に打っていたと思います。そして、三浦雄一郎さんも熊本先生のホルモン治療を受けていたことで知られています。

ただ、男性ホルモン注射の効果だけでなく、「ホルモンを打ってでも若返りたい」という意欲が、若さに寄与している部分も大きいのでしょう。つまり「若々しくいたい」という気持ちを強く持つことこそが、若々しさを維持する最大の秘訣なのです。

女性であっても男性ホルモンを打つのはひとつの方法ですが、もし抵抗感がある方は、そのほかの手段で心いくまで「若づくり」を楽しんでほしいと思います。

髪の毛を染める。華やかな服を着る。メイクをする。肌のケアをする。

ときには、ボトックスやヒアルロン酸を入れるなどの美容医療に頼ってもいいと思います。「自分の顔に注射するなんて」と美容医療に抵抗感を抱く方もいらっしゃるかもしれませんが、鏡を見たときに、「あぁ、老けてしまったな」としょんぼりするよりは、自分自身の若返ったキレイな姿を見て、ワクワクできるほうが若さにつながると私は思います。

毎日の変化が老化を防ぐ第一歩

続いて、日常生活に取り入れていただきたいのが、「毎日に変化を生むこと」です。

たしかに、日々変わらないルーティンを続けると、その能力は残りやすくなります。ですが、一方で刺激がなくなって、意欲減退につながります。

毎日散歩する習慣を続ければ、歩く能力は残ります。ただ、同じ道、同じ時間帯ばかり歩いていると、脳に新しい刺激がいきわたらず、「楽しい」「ワクワクする」という気持ちが低下してしまうのです。

楽しくないことを続けてもモチベーションは上がらないし、次第にルーティンが苦痛になってしまうこともあります。


脳に刺激を伝え、いつまでも若々しくいるためには、いままでの習慣に加えて、「何か新しい変化を加える」ことが大切です。

日々の生活にちょっとした変化が生まれると、やる気を司る脳の部位・前頭葉が刺激されて、意欲が湧きます。

たとえば、散歩をするなら、歩くルートを変えてみたり、時間帯を変えてみたりするのもいいでしょう。買い物に行くのなら、いつも同じ店ばかりでなく、行く店をローテーションで変えてみてもいいと思います。

料理するなら、普段は作ったことがない料理に挑戦してみたり、普段は使わない食材を使っていつもの料理をしてみたり。こうして毎日に変化を加えることで、脳に刺激が伝わります。また、いろいろと変化が生まれることで、「次はこういうものを試してみよう」と意欲も湧いてくるはずです。

「笑顔」と「謙虚さ」で愛されるお年寄りに

年配になってから、人に好かれる人。

何度か本書でも取り上げてきましたが、幸せな老後にはとても大切なことなので改めて考えてみましょう。

肩書のある人、有名な人、地位のある人……いろいろな「幸せ」の定義があると思うでしょうが、私が考えるに「無印」でも魅力的な人こそ、年配になっても人から愛される幸せな人だと言えるでしょう。

無印の人というのは、肩書も地位も関係なく、そのままの状態でも人と対等に付き合える人です。

では、どんな人が該当するのかというと、二つのポイントがあります。

ひとつは、「明るく笑顔が絶えない人」。いつもニコニコしていて、相手がどんな話をしていても楽しそうなお年寄りは、周囲から好かれています。

もうひとつは、「偉そうにしない人」です。お年寄りになると、つい過去の自慢話をしたり、年下の人に対して偉そうな態度をとってしまう方もいます。当然ですが、そうしたお年寄りは周囲の人からは敬遠されてしまいます。

どうしたら「無印」でも愛されるお年寄りになれるのか。

こうしたお年寄りの共通点として確実に言えるのは、「これまでの人生でやりたいことをやってきた人」です。

「自分はこれが好きだ」「これがやりたい」という意欲を持っている方は、いつでも楽しそうですし、やりたいことをやっているのでストレスもありません。また、自分のやりたいようにやってきた人ほど、「こうあるべきだ」「これをしなきゃいけない」という社会通念にとらわれていないので、常識的な押し付けがましさもないし、相手の肩書や立場に引きずられず、誰に対しても平等です。

また、ちょっとくらいわがままで自分の意見をバンバン言う人のほうが、常識的で真面目な人よりも人としての魅力にあふれ、愛されるのです。

年配になると、「節度ある振る舞いをしなければ」「年相応の行動をしなければ」と誰しもが思ってしまいがちです。しかし、不思議なことですが、やりたい放題やって好きに生きている人のほうが、結果的には他人に愛されるし、何よりご自身が幸せに生きることができる。

ならば、ご自身を常識やルールで押さえつけるのではなく、「最後のわがままだ」と思って、思うようにやりたいように生きてほしいと思います。それこそが、幸せな90代になる最大の秘訣だと私は思います。

「都合のよいお年寄り」にならない！

ここまで、幸せな90代を迎えるために必要だと思うことをたくさんお伝えしてきました。

幸せに歳を取るために一番大切なのは「意欲」であり、その意欲を保つためにやりたいことにたくさん挑戦すること。そして、できるだけ楽しい時間を過ごすこと。それが、本書の〝幸福論〟です。

100歳を過ぎても元気な人もいれば、70代でまるで引退モードに入ってしまう人もいる。その差はやはり「やりたいことをやる」という強い意欲だと思います。老いることは自由な時間を手に入れることであり、自分勝手に生きるべき切り換えどきでもあります。

ただ、世の中では「年配の人ほどおとなしく隠居をして過ごすべきだ」という感覚をもつ人が多いのは確かです。それゆえ、「若い人に迷惑をかけたくないから、ひっそりと静かに人生を終えよう」「若い頃と違って欲はないのだから、おとなしくしよう」と考える高齢者の方が非常に多いのですが、そんな達観した人生観を持つ必要はないのです。

周囲にとって都合のよいお年寄りを、ご自身が目指す必要はありません。「優しくておとなしいお年寄り」というイメージ像通りに生きなくてもいいのです。

本書の冒頭でもお伝えしたように、老いには個人差があります。世の中にはステレオタイプな「老いた高齢者」のイメージがありますが、本来、一人ひとり老い方は違っていいのです。

「孫の面倒なんて見たくない。もっと自分の好きなように生きていきたい」

「残ったお金は家族のためになんか残さず、自分がやりたかった世界一周に使いたい」

「これまで我慢していたもの、すべてに挑戦したい」

など、自分の思うままに突き進んでほしいと思います。

高齢になってからこそ、世間体や社会のしがらみ、常識というものから離れるべきなのです。ときには家族をはじめ、周囲の人にあきれられてしまうかもしれません。しかし、それだけオリジナリティある老後が過ごせたなら、それは最高の人生だと言えるのではないでしょうか。

人生の最後には、私たちのような若輩ものにはわからない、〝ごほうび〟の時間がたくさんひそんでいると私は確信しています。

それにもかかわらず、いまから90代の自分を想像して、「こうなりたくない」「ああなりたくない」といつ来るかわからない不幸におびえるのは本当にもったいないことです。そんな受け身の生活を送るよりは、現在持てる機能を最大限に使って、〝いま〟を楽しむべきなのです。

だからこそ、私自身、「老いるのは怖い」という気持ちを持つのではなく、自分の老いの先に待ち構えている穏やかな時間を楽しむ気持ちで、ゆっくりと年齢を重ねていきたいと思います。

本書を読んでくださった読者のみなさんにも、そんな人生で最も穏やかで充実した日々をぜひ過ごしていただければうれしいです。

和田秀樹（わだ ひでき）
1960年、大阪府生まれ。東京大学医学部卒業。精神科医。東京大学医学部附属病院精神神経科助手、米国カール・メニンガー精神医学校国際フェローを経て、現在、ルネクリニック東京院院長。高齢者専門の精神科医として、30年以上にわたって高齢者医療の現場に携わっている。ベストセラー『80歳の壁』（幻冬舎）、『70歳が老化の分かれ道』（詩想社新書）、『60歳からはやりたい放題』（扶桑社）など著書多数。

デザイン／塚原麻衣子
構成／藤村はるな

扶桑社新書 458

90歳の幸福論

発行日 2023年3月1日　初版第1刷発行

著　　者………和田秀樹
発 行 者………小池英彦
発 行 所………株式会社 扶桑社
〒105-8070
東京都港区芝浦1-1-1 浜松町ビルディング
電話 03-6368-8870（編集）
03-6368-8891（郵便室）
www.fusosha.co.jp

印刷・製本………株式会社 広済堂ネクスト

Printed in Japan　ISBN 978-4-594-09389-1